2

UMA HISTÓRIA DA REVOLTA PAN-AFRICANA

UMA HISTÓRIA DA REVOLTA PAN-AFRICANA

C.L.R. JAMES

TRADUÇÃO
ALEXANDRE BOIDE

ILUSTRAÇÕES
LUCIANO FEIJAH

Título original: *A History of Pan-African Revolt*
De C. R. L. James

Tradução:
Alexandre Boide

Ilustrações:
Luciano Feijah

Notas:
Rogério de Campos

Revisão:
Guilherme Mazzafera, Ricardo Liberal e Pedro Chaves.

Diagramação:
Carlão Assumpção

Capa:
Gustavo Piqueira (Casa Rex),
sobre ilustração de Luciano Feijah

Dados Internacionais de Catalogação na Publicação (CIP)
(Câmara Brasileira do Livro, SP, Brasil)

J274 James, C. L. R. (1901-1989)
Uma história da revolta pan-africana / C. L. R. James. Tradução de Alexandre Boide. Ilustração de Luciano Feijah. Paratextos de Robin D.G. Kelley, Márcio Farias e Rogério de Campos. – São Paulo: Veneta, 2023.

176 p.; Il.
Título original: A History of Pan-African Revolt.
ISBN 978-85-9571-108-2

1. História do Negro. 2. História das Revoluções Negras. 3. Pan-africanismo. 4. Política anti-racista. 5. Identidade. 6. Racismo. 7. Lutas de Classes. 8. Luta Identitária. 9. Revolta Pan-africana. 10. Estados Unidos da América. 11. África. 12. Caribe. 13. Trindade e Tobago. 14. Brasil. 15. França. I. Título. II. São Domingos. III. Os antigos Estados Unidos. IV. A guerra civil. IV. Revoltas na África. V. Marcus Garvey. VI. Movimentos negros em tempos recentes. VII. A história da revolta Pan-Africana: um resumo, 1939-1969. VIII. C.L.R. James na mira do Brasil: o internacionalismo negro na luta contra o capital. IX. Boide, Alexandre, Tradutor. X. Feijah, Luciano, Ilustrador. XI. Kelley, Robin D. G. XII. Farias, Márcio. XIII. Campos, Rogério. XIV. James, Cyril Lionel Robert (1901-1989). XV. Garvey, Marcus Mosiah (1887-1940)

CDU 316   CDD 305

Rua Araújo, 124, 1º andar, São Paulo
www.veneta.com.br
contato@veneta.com.br

DOS CONTEÚDOS AQUI ESCRITOS

Introdução de Robin D.G. Kelley	11
Nota à Edição Brasileira	43
1. São Domingos	47
2. Os Antigos Estados Unidos	65
3. A Guerra Civil	71
4. Revoltas na África	83
5. Marcus Garvey	107
6. Movimentos Negros em Tempos Recentes	117
Epílogo — A História da Revolta Pan-Africana: Um Resumo, 1939-1969	131
C.L.R. James na Mira do Brasil: O Internacionalismo negro na luta contra o capital – Marcio Farias	163

INTRODUÇÃO[i]

> Se os acontecimentos mundiais derem uma chance a essas pessoas, elas destruirão o que as estrangula da mesma forma como os negros de São Domingos destruíram a plutocracia dos senhores de engenho franceses.
>
> — C.L.R. James

I.

Publicado originalmente em 1938 com o título *Uma História da Revolta Negra*, este relato breve, porém altamente sugestivo do histórico global da resistência negra, apareceu no mesmo ano que a obra-prima de James, *Os Jacobinos Negros: Toussaint L'Ouverture e a Revolução de São Domingos*, e viveu à sua sombra desde então. Embora tenha ganhado reedições com um novo epílogo escrito por James em 1969, e de novo em 1985, por pequenas editoras

---

i Sou extremamente grato a Franklin Rosemont e David Roediger por me convidarem a escrever uma nova introdução para *Uma História da Revolta Pan-Africana*; a Scott McLemee, por compartilhar parte de sua pesquisa comigo; a James Early, por reservar um tempo de sua ocupada agenda para procurar membros do Coletivo Drum and Spear original; a Charlie Cobb, por proporcionar informações valiosas sobre como o Drum and Spear recolocou este livro em circulação em 1969; e a Paul Buhle, Robert Hill e Cedric Robinson por sua orientação ao longo dos anos — em especial sobre a vida e o pensamento de James.

vinculadas a ativistas, *Uma História da Revolta Pan-Africana* — como as edições posteriores foram intituladas — permanecia um segredo bem guardado, restrito às mãos de um punhado de militantes marxistas e do movimento negro. Nunca vendeu muitos exemplares, mas todos os que estão familiarizados com as ideias de James e com o ressurgimento do pan-africanismo nos anos 1960 sabiam de sua influência. O falecido Walter Rodney, grande historiador e revolucionário guianense, certa vez o descreveu como "uma mina de ideias que avançam para muito além de seu tempo"[ii].

De fato, trata-se de uma obra à frente de seu tempo. Cinco anos antes da publicação de *American Negro Slave Revolts*, de Herbert Aptheker, e apenas três anos depois da aparição de *Black Reconstruction in America*, de W.E.B. Du Bois (outro livro muito, muito à frente de seu tempo), *Uma História da Revolta Negra* denunciava o imperialismo e colocava os trabalhadores negros no centro dos acontecimentos mundiais em uma época em que os principais historiadores acreditavam que os africanos eram selvagens, que o colonialismo era uma missão civilizadora e que a escravidão era um instituição benevolente. James sabia que estava desafiando ficções bastante enraizadas. "O único lugar onde os negros não se revoltavam", ele escreveu em 1939, "é nas páginas dos historiadores capitalistas"[iii]. Ele assumiu para si a tarefa de contar a história da movimentação das chamadas massas "inarticuladas", dos trabalhadores e camponeses negros que enfrentavam seus senhores europeus, de uma pequena-burguesia negra de caráter ambivalente cuja posição em relação ao capitalismo e à dominação colonial era sempre incerta. Ao adotar uma definição ampla de trabalhadores negros como todos aqueles que são usados como mão de obra ou que as potências coloniais desejam escravizar através de salários miseráveis ou camponeses dirigidos pela economia de mercado, James amplia seu arcabouço e inclui revoltas de escravizados, ações grevistas, movimentos religiosos e um amplo leque de protestos antirracistas.

---

ii Walter Rodney, "The African Revolution", in Paul Buhle (Org.), *C.L.R. James: His Life and Work*. Ed. esp. de *Urgent Tasks*, n. 12, 1981, p. 5.

iii James, "Revolution and the Negro", republicado em Scott McLemme e Paul LeBlanc (Orgs.), *C.L.R. James and Revolutionary Marxism: Selected Writings of C.L.R. James, 1939-1949* (Atlantic Highlands: Humanities Press International, 1994), p. 77. O ensaio é basicamente uma sinopse de *Uma História da Revolta Negra* assinada com o pseudônimo J.R. Johnson para a *New International* (dez. 1939).

Como um estudo das rebeliões "dos negros", *Uma História da Revolta Negra* promovia um revisionismo total da história da África e da diáspora ao concentrar seu foco nas massas. Existem os líderes, claro, mas, como Toussaint L'Ouverture em São Domingos, eles são moldados pelas massas e pela época em que vivem. James faz questão de descrever como as massas defendiam seus líderes ao libertá-los das cadeias, ao escondê-los em cabanas e porões, ao atacar seus detratores e silenciar suas vozes. São as massas, e apenas as massas, que podem tornar realidade os discursos utópicos de um Simon Kimbangu, de um John Chilembwe, de um Marcus Garvey ou de um Kwame Nkrumah.

No entanto, *Uma História da Revolta Negra* não era só um produto da visão e do brilhantismo de James. Era fruto de um esforço coletivo, surgido a partir de campanhas políticas, debates e intercâmbio de ideias entre alguns dos principais pensadores radicais negros do século XX. Não é apenas mais um livro de história; é um documento histórico por si só, um testamento das correntes de pensamento radical que convergiam nos cafés e nas bibliotecas de Londres, e nos apartamentos precários onde jovens africanos e caribenhos se reuniam nos anos 1930 — a década em que o fascismo e a depressão econômica colocaram em risco o destino da humanidade.

II.

Cyril Lionel Robert James mal havia passado dos trinta anos quando começou a circular entre os radicais negros de Londres. E, dada sua formação, viver entre intelectuais marxistas de inclinação pan-africanista não deveria ser bem o que seus pais tinham em mente. Filho de um professor do pequeno vilarejo de Tunapuna, em Trinidad, nasceu em 1901 e recebeu uma sólida educação de classe média — pelo menos em termos de capital cultural, se não financeiro. Leu Thackeray e Shakespeare com grande entusiasmo e, por influência da mãe, se tornou um leitor inveterado de história, literatura e, em menor medida, política. No entanto, recusou-se a ficar restrito aos limites da cultura burguesa. Ele adorava Carnaval, calipso e jazz, apesar das admoestações da mãe puritana, e amava profundamente o jogo de críquete. Depois de receber o diploma escolar do Queen's Royal College, em 1918, resolveu ficar em Trinidad e se estabeleceu como mestre-escola. Em seu tempo livre, escrevia e dava palestras sobre diversos temas, inclusive o calipso e o críquete, e em pouco tempo ganhou reputação na ilha como um jovem acadêmico brilhante com coisas inteligentes a dizer sobre a cultura popular caribenha. Foi atraído para a política nacionalista quando o capitão Arthur Cipriani, o celebrado líder sindicalista de ascendência francesa e crioula, pediu que ele escrevesse textos sobre críquete e temas culturais e políticos variados para o *Socialist*, o veículo de imprensa da Associação dos Trabalhadores de Trinidad (TWA). James foi além e escreveu ainda um panfleto intitulado *The Life of Captain Cipriani: An Account of British Government in the West Indies*, publicado em Trinidad em 1932. (Uma versão reduzida apareceu um ano depois na Inglaterra com o título *The Case for West Indian Self Government*). Os panfletos e os escritos para o *Socialist* representam um estágio inicial da politização de James, e ele ainda estava bem distante do militante anti-imperialista que se tornaria mais tarde. Sem nunca assumir o papel de ativista da TWA, James se identificava com o Partido Trabalhista e era um defensor convicto da política parlamentar[iv].

Mas a Inglaterra mudou tudo isso. Em 1932, James deixou sua terra natal para ajudar Sir Learie Constantine, o grande jogador de críquete das Índias Ocidentais que havia se tornado advogado, a escrever um livro sobre o esporte e a sociedade inglesa[v]. Para se sustentar, James arrumou um trabalho fazendo a cobertura de competições de críquete para o *Manchester Guardian* e se estabeleceu em Lancashire. Foi lá que começou sua rápida guinada para a esquerda. Suas conversas com os trabalhadores locais o tornaram mais crítico em relação ao capitalismo e o levaram a estudar os "clássicos" marxistas, entre eles a obra que teria um profundo impacto em sua concepção da história: a edição em três volumes de *A História da Revolução Russa*, de Leon Trotsky. Depois de se instalar em Londres, entrou em contato com o campo trotskista e logo emergiu como um de seus principais porta-vozes. Em 1937, inclusive, escreveu um livro intitulado *Revo-*

---

iv Sobre essa fase inicial da vida de James, ver Paul Buhle, *C.L.R. James: The Artist as Revolutionary* (Londres: Verso, 1988), pp. 7-37; *C.L.R. James, Beyond a Boundary* (Durham, NC: Duke University Press, 1993), pp. 4-46; Robert A. Hill, "In England, 1932-1938", in Paul Buhle (Org.), *C.L.R. James: His Life and Work*, (Londres: Verso, 1988), pp. 19-22; Anna Grimshaw (Org.), *The C.L.R. James Reader* (Oxford: Blackwell, 1992), pp. 4-5; Kent Worcester, *C.L.R. James: A Political Biography* (Oxford: Blackwell, 1993).

v O livro de Constantine foi publicado um ano mais tarde com o título *Cricket and I* (Londres: Allan, 1933).

lução, 1917-1936: Ascenção e Queda da Internacional Comunista, o primeiro relato histórico trotskista sobre o Comintern já publicado[vi].

Portanto, foi como militante trotskista em ascensão e apoiador do Partido Trabalhista Independente que James se inseriu na intensa atividade política dos negros anticolonialistas e pan-africanistas em Londres. Eles vinham de diferentes colônias e campos ideológicos, mas todos compartilhavam de um amor patriótico por sua Terra-Mãe e seus filhos desgarrados. Alguns, como o egípcio Duse Mohammed Ali, pan-africanista veterano e fundador do *African Times and Orient Review*, eram residentes de longa data da capital inglesa. Outros, como o radical serra-leonense I.T.A. Wallace Johnson, o futuro presidente queniano Jomo Kenyatta e o guianense T. Ras Makonnen (nascido George Thomas Nathaniel Griffith) eram — como James — mais ou menos recém-chegados. Esses jovens intelectuais faziam mais do que apenas falar; formaram diversas organizações e associações políticas em Londres e por toda a Europa, entre elas a Associação dos Estudantes da África Ocidental, a Associação Progressista Etíope e a Liga de Pessoas de Cor, fundada pelo médico jamaicano Harold Moody[vii].

Uma das figuras mais importantes desses círculos era Malcolm Nurse, um amigo de infância de James. Com o pseudônimo George Padmore, ele se tornou uma liderança no movimento comunista internacional. Deixou Trinidad ainda jovem para morar nos Estados Unidos e se filiou ao Partido Comunista quase assim que pôs os pés no porto de Nova York. Atuando como organizador e militante enquanto cursava a Universidade Howard, em Washington, Padmore teve uma rápida ascensão nas fileiras comunistas e acabou sendo enviado para estudar na União Soviética, onde se tornou tão popular entre os cidadãos moscovitas que acabou eleito para o Conselho Municipal de Moscou! Como estudante da Universidade Comunista dos Trabalhadores do Oriente (KUTV), pôde conhecer diversos líderes africanos

---

vi Cedric J. Robinson, *Black Marxism: The Making of the Black Radical Tradition* (Londres: Zed Press, 1983), p. 375; Buhle, *C.L.R. James*, pp. 44-52; "In England, 1932–1938", pp. 22-23.

vii P. Olisanwuche Esedebe, *Pan-Africanism: The Idea and Movement, 1776–1963* (Washington, DC: Howard University Press, 1982), p. 66; A. Adu Boahen, "Politics and Nationalism in West Africa, 1919-1935", in Boahen (Org.), *General History of Africa, Vol. VII: Africa Under Colonial Domination, 1880-1935*, (Londres: Heinemann Educational Books, 1985), p. 629; Immanuel Geiss, *The Pan-African Movement* (Londres: Methuen and Co., 1974), p. 730; Robinson, *Black Marxism*, p. 370.

que, como ele, foram atraídos pelo campo comunista. Entre os estudantes de maior destaque estavam I.T.A. Wallace Johnson, Jomo Kenyatta e os comunistas sul-africanos Moses Kotane, Edwin Mofutsanyana e Albert Nzula[viii].

Essa concentração impressionante de radicais negros em Moscou não só contribuiu para o desenvolvimento de um pan-africanismo de esquerda como provavelmente moldou a visão de Padmore de um movimento internacional da classe trabalhadora negra que poderia unir a África e a diáspora em um esforço coordenado para derrubar o colonialismo, o racismo e, em última análise, o capitalismo.

Portanto, quando se tornou secretário do Comitê Internacional dos Sindicatos de Trabalhadores Negros (International Trade Union Council of Negro Workers – ITUCNW) e editor de seu jornal, o *Negro Worker*, Padmore não via nenhum conflito entre seu trabalho em prol da libertação da África e a luta pelo socialismo. Na visão de Padmore, o ITUCNW (que ele dirigiu a princípio a partir de Hamburgo até ser obrigado a se mudar para Copenhague e depois Paris) era muito mais do que o braço negro da Internacional Sindical Vermelha (Profintern); era a vanguarda da luta mundial pela libertação dos negros. Infelizmente, as esperanças de Padmore com o ITUCNW caíram por terra quase logo após decolarem. Quando Padmore se tornou um aliado político de James, em 1935, não acreditava mais que a Internacional Comunista pudesse exercer um papel relevante para o progresso do movimento de libertação africana. Com a transição para a Frente Popular, o Comintern tornou o fascismo sua grande prioridade e relegou os movimentos anticolonialistas ao segundo plano[ix].

Analisando em retrospecto, Padmore talvez devesse ter percebido que isso estava a caminho. Mas, em 1930, ele tinha boas razões para acreditar no comprometimento do Comintern, talvez até em sua sinceridade, em relação

---

viii James R. Hooker, *Black Revolutionary: George Padmore's Path from Communism to Pan-Africanism* (Nova York: Praeger, 1967), pp. 10-37; Boahen, "Politics and Nationalism in West Africa", p. 629; L. Rytov, "Ivan Potekhin: A Great Africanist", *African Communist*, n. 54, 1973, p. 95; Brian Bunting, *Moses Kotane: South African Revolutionary* (Londres: Inkululeko Publications, 1975), pp. 58-59; Edward T. Wilson, *Russia and Black Africa Before World War II* (Nova York; Londres: Holmes & Meier, 1974).

ix Hooker, *Black Revolutionary*, pp. 36-37; C.L.R. James, "Notes on the Life of George Padmore", in *The C.L.R. James Reader*, pp. 288-95; C.L.R. James, "George Padmore: Black Marxist Revolutionary", in *At the Rendezvous of Victory* (Londres: Allison & Busby, 1984).

à emancipação dos africanos e dos afrodescendentes. Já em 1922, o IV Congresso do Comintern tinha adotado um conjunto de teses segundo as quais os negros eram uma nacionalidade oprimida pela exploração imperialista de abrangência mundial. Como a luta dos trabalhadores negros era vista como inerentemente anti-imperialista, os comunistas eram obrigados a enxergar com simpatia os movimentos nacionalistas e anticolonialistas negros. Além disso, as "Teses" reconheciam o sucesso da UNIA sob a liderança de Marcus Garvey, além dos Congressos Pan-Africanos liderados por W.E.B. Du Bois, e determinavam que medidas imediatas precisavam ser tomadas pelo Comintern no sentido de convocar um congresso mundial de líderes africanos[x]. O Comintern fez mais do que se apropriar do jargão mais familiar do pan-africanismo; no fim dos anos 1920 e no início da década de 1930, ele apoiou ativamente os movimentos anticolonialistas. Em 1926, por exemplo, membros de destaque do Partido Comunista Alemão fundaram a Liga Contra o Imperialismo e a Opressão Colonial para combater os sentimentos pró-colonialismo que começavam a emergir na Alemanha. Depois de uma conferência internacional bem-sucedida em Bruxelas em 1927, ficou claro para os presentes que a Liga era um passo importante rumo à coordenação de várias lutas por libertação nacional nas colônias e "semicolônias", e ser-

---

x Theodore Draper, *American Communism and Soviet Russia* (Nova York: Viking Press, 1960), pp. 320-21, 327–28; Robinson, *Black Marxism*, p. 304; Roger E. Kanet, "The Comintern and the 'Negro Question': Communist Policy in the United States and Africa, 1921-1941", *Survey*, n. 19, v. 4, 1973, 89-90; Harry Haywood, *Black Bolshevik: Autobiography of an Afro-American Communist* (Chicago: Liberator Press, 1978), p. 225; Claude McKay, *A Long Way From Home* (Nova York: Lee Furman, 1937), pp. 177-80; Billings [Otto Huiswoud], "Report on the Negro Question", *International Press Correspondence*, n. 3, v. 2, 1923, pp. 14-16. O texto integral das "Teses sobre a Questão Negra" está disponível em: *Bulletin of the IV Congress of the Communist International*, n. 17, 7 dez. 1922, pp. 8-10. O IV Congresso foi importante, mas vale rever os debates entre V.I. Lênin e o comunista indiano M.N. Roy sobre o movimento anticolonialista e o direito à autodeterminação das minorias oprimidas. V.I. Lênin, "The Socialist Revolution and the Right of Nations to Self-Determination (Theses)", in *Lenin on the National and Colonial Questions: Three Articles* (Peking: Foreign Language Press, 1967), p. 5; "Theses on the National and Colonial Question Adopted by the Second Congress of the Comintern", in Jane Degras (Org.), *The Communist International, 1919-1943, Documents*, v. I (Londres: Oxford University Press, 1956), p. 142. Para a visão de Lênin sobre as teses suplementares de Roy, ver: "The Report of the Commission on the National and Colonial Questions, July 26, 1920", in *Lenin on the National and Colonial Questions*, pp. 30-37; Draper, *American Communism and Soviet Russia*, p. 321.

via como uma instância intermediária entre a Internacional Comunista e o movimento anticolonialista. Os conferencistas, entre eles Jomo Kenyatta e Jawaharlal Nehru, aprovaram uma resolução geral que proclamava: "A África para os africanos e sua total liberdade e igualdade para com outras raças e o direito de governar a África"[xi].

O VI Congresso Mundial do Comintern, em 1928, aprovou uma resolução ainda mais explícita, afirmando que os afro-americanos no Sul dos Estados Unidos e os africanos sob o domínio dos brancos na África do Sul constituíam nações oprimidas e, portanto, tinham o direito inerente à autodeterminação. Para muitos comunistas negros na África, nos Estados Unidos e até nas Índias Ocidentais, a resolução sobre a autodeterminação negra era uma confirmação indireta do que eles já acreditavam havia muito tempo: os negros tinham sua própria tradição revolucionária. Os comunistas negros publicaram dezenas de artigos que documentavam as tradições autônomas de radicalismo entre africanos e afrodescendentes. "Além da análise puramente marxista", escreveu o comunista norte-americano Gilbert Lewis no *Negro Worker*, "a história do negro está repleta de diversos exemplos de levantes contra seus exploradores e opressores"[xii].

Em 1930, Padmore documentou essa história em um importante livro intitulado *The Life and Struggles of Negro Toilers*, que em certo sentido estabeleceu um modelo para *Uma História da Revolta Negra*, de James, e inspirou vários outros contemporâneos seus, além dos estudos históricos sobre os trabalhadores africanos como um todo[xiii]. Publicado em 1931 pela Interna-

---

xi Willy Munzenberg, "Pour une Conference Coloniale", *Correspondance Internationale*, n. 6, v. 9, ago. 1926, p. 1011; Willy Munzenberg, "La Premiere Conference Mondiale Contre la Politique Coloniale Imperialiste", *Correspondance Internationale*, n. 7, v. 17, 5 fev. 1927, p. 232; Robin D.G. Kelley, "The Third International and the Struggle for National Liberation in South Africa, 1921-1928", *Ufahamu*, n. 15, v. 1-2, 1986, pp. 110-11; Edward T. Wilson, *Russia and Black Africa*, p. 151; *South African Worker*, 1 abr., 24 jun. 1927; "Les Decisions du Congres: Resolution Commune sur la Question Negre", *La Voix des Negres*, n. 1, v. 3, mar. 1927, p. 3.

xii Mark Naison, *Communists in Harlem During the Depression*, (Urbana: University of Illinois Press, 1983), p. 18; Gilbert Lewis, "Revolutionary Negro Tradition", *Negro Worker*, 15 mar. 1930, p. 8. Cyril Briggs publicou uma série de ensaios sobre esse tema, como "Negro Revolutionary Hero — Toussaint L'Ouverture", *Communist*, n. 8, v. 5, maio 1929, pp. 250-54; "The Negro Press as a Class Weapon", *Communist*, n. 8, v. 8, agosto 1929, pp. 453-60; e "May First and the Revolutionary Traditions of Negro Masses", *Daily Worker*, 28 abr. 1930.

xiii O exemplo mais óbvio é Albert Nzula, I.I. Potekhin, e A.Z. Zusmanovich, *Forced Labour in* cional Sindical Vermelha, o livro de 126 páginas foi escrito principalmente para trabalhadores dos países capitalistas ocidentais que não conseguiam entender por que os movimentos anticolonialistas eram parte integrante da emancipação do proletariado. Embora toque no tema da escravidão e se debruce sobre a questão da resistência negra, *Life and Struggles* é mais um relato descritivo do que histórico. Seu objetivo maior era denunciar o imperialismo com a documentação das terríveis condições que os trabalhadores negros de todo o mundo eram obrigados a suportar. Além de atrair simpatia para os trabalhadores negros, Padmore queria mostrar que os ganhos gerados pela exploração da mão de obra colonial permitiam aos capitalistas "subornar a burocracia sindical reformista e social fascista e assim possibilitava a seus membros trair a luta dos trabalhadores"[xiv]. Ao fim e ao cabo, porém, cabia aos trabalhadores brancos esclarecidos — os progressistas que não foram comprados — educar os trabalhadores negros "atrasados" sobre a inutilidade do chauvinismo racial e convencê-los a se juntar ao proletariado mundial. Essa era uma posição que James consideraria inaceitável.

III.

Enquanto C.L.R. James se envolvia cada vez mais com o trotskismo, se preparando para a Quarta Internacional e denunciando a traição da visão de Lênin por parte de Stálin, Padmore se afastava completamente do movimento comunista. Em 1935, porém, eles acabaram lutando do mesmo lado, graças à invasão da Etiópia pela Itália. Na verdade, quase todos os ativistas negros respeitáveis, quaisquer que fossem suas origens nacionais e inclina-

---

Colonial Africa, ed. de Robin Cohen (Londres: Zed Press, 1979), originalmente publicado em russo como *Rabochee Dvizhenie i Prinuditel'ni trud V Negrityanskoi Afrike* (Moscou: Profizdat, 1933), que em uma tradução aproximada que dizer "O Movimento da Classe Trabalhadora e o Trabalho Forçado na África Negra". (Nzula, na época da publicação, usava o pseudônimo Tom Jackson.) Como assinala o historiador Robin Cohen: "Em termos de escopo, ambição e tema, o livro de Padmore claramente proporcionou uma forte inspiração para Nzula, Potekhin e Zusmanovich, embora a queda em desgraça e a expulsão subsequente de Padmore tenha implicado na ausência de citações diretas de seu texto pelos três autores, que demonstram apenas em alusões ocasionais que estão familiarizados com sua obra." (Ibid., p. 15.)

xiv George Padmore, *The Life and Struggles of Negro Toilers*. Londres: The RILU Magazine for the International Trade Union Committee of Negro Workers, 1931, p. 6.

ções ideológicas, se juntaram às campanhas de defesa etíopes. Literalmente dezenas de organizações de apoio foram formadas por todo o mundo para arrecadar dinheiro para promover assistência e atendimento médico no local; além disso, homens negros do Caribe, dos Estados Unidos e da África se voluntariaram para combater pelo imperador Haile Selassie e seu exército. T. Ras Makonnen, um camarada de James e Padmore no movimento de solidariedade à Etiópia, relembra o impacto que a invasão causou no mundo: "Simplesmente choviam cartas em nossa sede, enviadas por negros de três continentes perguntando onde poderiam se alistar. [...] E o mesmo acontecia na África. Quando os italianos invadiram Adis Abeba, houve notícias de que crianças em idade escolar choraram na Costa do Ouro"[xv].

A reação inflamada à invasão nada tinha de surpreendente, pois a Etiópia não era um país africano qualquer. Também conhecida como Abissínia, era uma nação de grande relevância histórica, religiosa e cultural para negros de todo o mundo. Não só os etíopes, sob o governo do imperador Menelique II, conseguiram manter a independência enquanto o restante da África era dividido entre os europeus, como sua terra ganhou uma reputação de berço de uma civilização, um dos primeiros países do mundo a adotar o cristianismo. Para o mundo negro cristão, a Etiópia era um dos principais ícones e, em certo sentido, poderia até ser chamada de "Jerusalém africana". Conforme explicado pelo historiador William Scott, muitos afro-americanos acreditavam que "a Etiópia estava predestinada pela profecia bíblica a redimir a raça negra do jugo dos brancos". Sua principal referência, claro, era a passagem da Bíblia segundo a qual "a Etiópia estenderá as mãos para Deus" (Salmo 68:31). O movimento Garvey, cujo hino oficial era intitulado "Ethiopia, Thou Land of Our Fathers" (Etiópia, ó terra dos nossos pais), fazia cons-

---

xv William R. Scott, "Black Nationalism and the Italo-Ethiopian Conflict, 1934-1936", *Journal of Negro History*, n. 63, v. 2, 1978, pp. 121, 128–29; Naison, *Communists in Harlem*, pp. 138-40; Bernard Makhosezwe Magubane, *The Ties That Bind: African-American Consciousness of Africa* (Trenton, NJ: Africa World Press, 1987), pp. 166-67; Cedric J. Robinson, "The African Diaspora and the Italo-Ethiopian Crisis", *Race and Class*, n. 27, v. 2, 1985, pp. 51-65; Robert Weisbord, *Ebony Kinship: Africa, Africans, and the Afro-American* (Westport, CN: Greenwood Press, 1973), pp. 94-100; S.K.B. Asante, "The Afro-American and the Italo-Ethiopian Crisis, 1934-1936", *Race*, v. 15, n. 2, 1973, pp. 167-84; T. Ras Makonnen, *Pan-Africanism Within*, ed. de Kenneth King (Nairóbi; Londres: Oxford University Press, 1973), p. 116.

tantes referências a essa nação africana em canções, rituais e símbolos[xvi].

Para a esquerda negra, porém, a sentimentalidade e o orgulho racial só serviam para camuflar a verdadeira questão: o imperialismo. Enquanto estudiosos "raciais" louvavam a Abissínia por sua civilização ancestral, sua linguagem escrita, as afirmações orgulhosas de seus governantes de que faziam parte da linhagem de Salomão e a rainha de Sabá, os esquerdistas negros falavam em termos de uma região montanhosa do Chifre da África habitada por camponeses sujeitos a uma monarquia moribunda que não acreditava na reforma agrária. Uma das poucas regiões do mundo em que a escravidão continuava existindo no início dos anos 1930, a Etiópia não era exatamente uma terra onde manava leite e mel. Inclusive, em *The Life and Struggles of Negro Toilers*, Padmore caracterizou a Abissínia como uma oligarquia feudal governada por um imperador reacionário e defendeu uma revolução interna contra "a hierarquia religiosa reacionária e o sistema feudal"[xvii].

Mas, antes que a revolução pudesse acontecer, era preciso expulsar de lá as tropas de Mussolini. Em agosto de 1935, James formou a associação Amigos Africanos Internacionais da Etiópia (IAFE)[xviii]. Com C.L.R. como presidente, entre seus membros ativos estavam Padmore, Jomo Kenyatta, I.T.A. Wallace Johnson, Amy Ashwood Garvey (ex-mulher de Marcus Garvey), T. Ras Makonnen e Albert Marryshaw, que em 1921 tinha comparecido ao Congresso Pan-Africano em Londres. James era o propagandista

---

xvi Scott, "Black Nationalism and the Italo-Ethiopian Conflict", pp. 118–21; Gayraud Wilmore, *Black Religion and Black Radicalism: An Interpretation of the Religious History of Afro-American People* (Maryknoll, NY: Orbis Books, 2. ed.), pp. 120-21, 126-28, 160-61; Edward Ullendorff, *Ethiopia and the Bible* (Londres: Oxford University Press, 1968); W.A. Shack, "Ethiopia and Afro-Americans: Some Historical Notes, 1920-1970", *Phylon*, n. 35, v. 2, 1974, pp. 142-55; Magubane, *The Ties That Bind*, pp. 160-65; S.K.B. Asante, *Pan-African Protest: West Africa and the Italo-Ethiopian Crisis, 1934-1941* (Londres: Longman, 1977), pp. 9-38; Weisbord, *Ebony Kinship*, pp. 90-92; Randall K. Burkett, *Garveyism as a Religious Movement: The Institutionalization of a Black Civil Religion* (Metuchen, NJ: Scarecrow Press, 1978), pp. 34-35, 85-86, 122, 125, 134-35; George Shepperson, "Ethiopianism and African Nationalism", *Phylon*, n. 14, v. 1, 1953, pp. 9-18.

xvii Padmore, *Life and Struggles*, p. 77; sobre a escravidão na Etiópia, ver Jon R. Edwards, "Slavery, the Slave Trade and the Economic Reorganization of Ethiopia, 1916-1934", *African Economic History*, n. 11, 1982, pp. 3-14.

xviii O nome original da organização era Amigos Africanos Internacionais da Abissínia (IAFA), mas logo após sua fundação foi decidido substituir Abissínia por Etiópia.

mais ativo da IAFE, publicando diversos artigos a respeito no *New Leader*, o jornal semanal do Partido Trabalhista Independente, e um texto bastante significativo no *The Keys*, o órgão oficial da Liga das Pessoas de Cor (LCP)[xix]. Esses artigos revelam uma tentativa por parte de James de conciliar dois mundos políticos distintos: o pan-africanismo e o socialismo. Por um lado, ele argumentava que os países imperialistas usaram a defesa da Etiópia como pretexto para uma guerra. Mas, como um homem negro que provavelmente sentia uma pontada de orgulho do legado etíope e cuja admiração pela África era um sentimento muito mais profundo do que o anti-imperialismo, ele também se via obrigado a defender a terra de seus ancestrais. Em seu esforço pessoal para unir essas duas tradições, James se alistou para servir às forças armadas etíopes:

> Minhas razões para isso eram bem simples. Os socialistas internacionalistas da Grã-Bretanha combatem o imperialismo britânico porque obviamente é mais conveniente fazer isso do que combater, por exemplo, o imperialismo alemão. Mas o capitalismo italiano é o mesmo inimigo, apenas um pouco mais distante.
>
> Minha esperança era entrar no exército. Isso me daria uma oportunidade não só de travar contato com as massas de abissínios e outros africanos, como, em suas fileiras, eu teria a melhor oportunidade possível para apresentar a causa socialista internacional. Eu também acreditava que poderia ser útil em operações de propaganda antifascista entre as tropas italianas. [...]

Não que pretendesse passar o resto da vida na Abissínia, mas, levando tudo em consideração, eu achava, e continuo achando, que dois ou três anos por lá, considerando o fato de que sou negro e tenho um interesse especial na revolução africana, eram um esforço que valia a pena[xx].

Como diversos outros, James nunca teve essa chance. Haile Selassie desencorajava o alistamento de voluntários na esperança de obter o apoio das

---

xix C.L.R. James, "Notes on the Life of George Padmore", p. 292; Buhle, *C.L.R. James*, pp. 55-56; Esedebe, *Pan-Africanism*, p. 115. O ensaio que James publicou no *The Keys*, "Abyssinia and the Imperialists", foi reproduzido em *The C.L.R. James Reader*, pp. 63-66.

xx Robinson, *Black Marxism*, p. 382.

democracias ocidentais e da Liga das Nações e, assim que a ocupação italiana se tornou um fato consumado, ele e a família real fugiram para a Inglaterra.

Pouco depois que a crise etíope perdeu seu caráter de urgência, os membros da IAFE se reagruparam e formaram o Bureau Internacional a Serviço da África (IASB), encabeçado por Padmore. James foi editor de seu jornal mensal, *International African Opinion*, de julho a outubro de 1938, e forneceu informações vitais para organizações políticas e veículos de imprensa sobre a situação na África. O IASB tinha como missão manter viva no debate público a questão do colonialismo — uma tarefa nada fácil diante do espectro do fascismo e da inevitabilidade da guerra na Europa[xxi].

Ainda assim, a Etiópia foi o ponto de virada no pensamento e na escrita de James. Os acontecimentos que cercaram a invasão e o fracasso das democracias ocidentais na defesa da Etiópia empurraram James para além do marxismo europeu, na direção de um entendimento mais profundo da resistência negra. Em uma resenha do livro *How Britain Rules Africa* (1936), de George Padmore, James bateu sem dó em seu camarada por sugerir que os segmentos esclarecidos da classe dominante poderiam desempenhar um papel progressista na libertação da África do domínio colonial. "Os africanos precisam conquistar a própria liberdade", ele insistia. "Ninguém a conquistará por eles.[xxii]" James chegou à conclusão de que o movimento da classe trabalhadora europeia não tinha como triunfar sem as massas africanas (e vice-versa), e que apenas as massas africanas — trabalhadores, camponeses e talvez alguns intelectuais de visão mais ampla —, lutando em seus próprios termos, poderiam destruir o imperialismo. Foi exatamente essa compreensão que deu origem a *Os Jacobinos Negros* e *Uma História da Revolta Negra*, ambos publicados em 1938. Esses livros não foram escritos como um apelo aos trabalhadores brancos ou a uma burguesia liberal simpática à causa. Em vez disso, como Cedric Robinson colocou tão bem, eram declarações de guerra.

---

xxi Ver Esedebe, *Pan-Africanism*, pp. 123-25; Buhle, *C.L.R. James*, pp. 55-56; J. Ayodele Langley, *Pan-Africanism and Nationalism in West Africa 1900-1945: A Study in Ideology and Social Classes* (Londres: Oxford University Press, 1973), p. 338.

xxii Citado em Robinson, *Black Marxism*, p. 383; para a resenha na íntegra, ver C.L.R. James, "'Civilizing' the 'Blacks': Why Britain Needs to Maintain her African Possessions", *New Leader*, 29 maio 1936.

IV.

Uma História da Revolta Negra foi publicado pela primeira vez em setembro de 1938, apenas um mês depois de James partir para os Estados Unidos. Encomendado por Raymond Postgate, um camarada seu do Partido Trabalhista Independente, o texto de 96 páginas foi parte da série *FACT*, publicada pela organização. Isto era o que James tinha a dizer a respeito do que escreveu:

> Um livro assim nunca havia sido feito. Reuni muito material nele, e fiquei impressionado com o quanto não sabia. Mas o livro tem a virtude de trazer diversos outros problemas — como as lutas das mulheres, das trabalhadoras nas feiras na África e assim por diante —, além de fatos históricos como a revolução haitiana e a participação dos negros na Guerra Civil Americana. [...] O livro tem uma história peculiar. Sua associação ao nome de Postgate fez com que fosse vendido em livrarias de todo o país. Quando descobriram seu conteúdo, algumas delas fizeram questão de escondê-lo cuidadosamente. Houve lugares em que descobrimos onde estava escondido — eles o colocavam sob vários outros livros, mas, quando perguntados, diziam que, sim, tinham o livro para vender[xxiii].

O livro era escondido por uma boa razão. Como o *Negro Worker*, o órgão de imprensa do ITUCNW que Padmore editava no início dos anos 1930, era profundamente subversivo[xxiv]. Era uma denúncia incisiva do colonialismo, e James não poupou ninguém — nem mesmo sua amada França. Atacar a França não era tão simples, especialmente com o fascismo em alta na Europa. Os franceses não só permitiam que os colonos negros se tornassem

---

xxiii C.L.R. James, *The Future in the Present: Selected Writings*. Westport, CN: Lawrence Hill and Co., 1977, p. 70.

xxiv O *Negro Worker* também era escondido; inclusive, na África, sua distribuição era clandestina. Segundo Robin Cohen, "algumas edições apareceram com uma cruz na capa e o título *A Voz Missionária, O Caminho da Cruz, Órgão do Episcopado Metodista Africano da Sociedade Missionária Londrina*. A segunda página trazia a inscrição 'Ouvi, ó vós que sois oprimidos e afligidos por toda espécie de tribulações', e o intrigado leitor precisava esperar pela terceira página para ler a palavra de ordem mais familiar 'Proletários do mundo, uni-vos'". Cohen, *Forced Labour in Colonial Africa*, p. 14.

parlamentares, governadores e ministros como, na época em que James escrevia, o primeiro-ministro Léon Blum tinha se tornado uma espécie de herói da esquerda. Como um socialista à frente do governo da Frente Popular Francesa, Blum buscava ativamente neutralizar as tentativas dos fascistas de derrubar a República Espanhola[xxv]. No longo prazo, nada disso importava para James. Como ele escreveu: "imperialismo é sempre imperialismo. [...] Os franceses têm na África uma conduta tão reprovável quanto a de qualquer outra nação imperialista". E em seguida discorreu a respeito dessa conduta e os esforços de resistência contra ela. Assim como tentou fazer enquanto editor do *International African Opinion*, James queria deixar claro que o colonialismo não poderia ser subordinado à luta contra o fascismo, e é por isso que faz questão de dizer que os africanos sujeitos ao fascismo italiano não estavam em situação pior do que "um africano no Congo governado pela democrática Bélgica, ou do que um mineiro de cobre na Rodésia". O argumento é claro: não existe colonialismo mais benigno ou mais suave.

O que torna este livro ainda mais subversivo é o fato de James colocar os negros no centro dos acontecimentos mundiais; ele caracteriza os levantes de selvagens e fanáticos religiosos como movimentos revolucionários, e insiste na questão de que os revolucionários ocidentais modernos precisavam dos africanos tanto quanto os africanos precisavam deles. Essa questão é central ao livro, e colocada de forma bem clara no primeiro capítulo, que trata da Revolução Haitiana — a revolta de escravizados mais bem-sucedida do mundo, de acordo com James. Sem a Revolução Francesa, "seu sucesso teria sido impossível", escreveu ele. James não se refere apenas ao apoio estratégico da França Revolucionária, até porque a natureza da aliança entre a metrópole e os rebeldes negros de São Domingos variava a cada mudança de regime. Em vez disso, foram os ideais de liberdade, igualdade e fraternidade que transformaram segmentos das massas e suas lideranças, em especial Toussaint L'Ouverture: "Eles adotaram a doutrina revolucionária e pensavam em termos republicanos. O resultado foi que esses escravizados, sem

---

xxv Pierre Broué e Emile Temime, *The Revolution and the Civil War in Spain*, trad. para o inglês de Tony White (Cambridge: MIT Press, 1972), pp. 321–65; David Carlton, "Eden, Blum, and the Origins of Non-intervention", *Journal of Contemporary History*, n. 6, jan. 1971, pp. 40-55; M.D. Gallagher, "Leon Blum and the Spanish Civil War", *Journal of Contemporary History*, n. 6, jan.1971, pp. 56-64.

educação formal, semisselvagens e degradados de uma forma tornada possível apenas por séculos de escravidão, atingiram uma liberalidade em termos de aspirações sociais e um esclarecimento em termos de pensamento político comparáveis a qualquer coisa similar que estivesse acontecendo na França". Mas, apesar do desejo ardente de liberdade, articulado com os objetivos da Revolução Francesa, foram as relações de produção nos latifúndios que organizaram os escravizados. Aqui James ecoa sua passagem clássica de *Os Jacobinos Negros*: "Como trabalhavam e viviam em grupos de centenas de indivíduos em enormes engenhos de açúcar que ocupavam toda a Planície do Norte, eles se assemelhavam mais ao proletariado moderno do que qualquer outro grupo de trabalhadores da época, e a rebelião, portanto, foi um movimento de massa minuciosamente preparado e organizado"[xxvi].

No entanto, por mais "proletarizados" que fossem os escravizados, eles não teriam como fazer tudo sozinhos. Em sua discussão sobre os Estados Unidos, James apresenta uma rica história de rebeliões de escravizados (que, em suas palavras, "se revoltavam continuamente") que resultou em pouco mais do que mártires históricos e uma atmosfera repressiva. A vitória era possível, no entanto, quando as condições eram parecidas com as do Haiti: durante a época da Guerra de Independência dos Estados Unidos, quando os brancos pobres se juntaram a escravizados, negros libertos e mulatos sob a bandeira da liberdade. Mas, como

---

xxvi O ponto em que ele termina esse primeiro capítulo é interessante. James não trata da transformação de São Domingos em uma nação, nem da prisão de Toussaint sob o regime de Napoleão. Só o que sabemos é que a revolução na França se retraiu e que "os antigos escravistas reconquistaram sua influência e se voltaram contra os negros exauridos". Ao enfatizar a interdependência entre Haiti e França, James perdeu uma oportunidade de expor uma lição mais importante: a necessidade da independência total e absoluta do país colonizador. Por que esse ponto fica tão claro em *Os Jacobinos Negros* e não é citado no primeiro capítulo de *Uma História da Revolta Negra* é um mistério. O maior mistério, no entanto, talvez seja o silêncio absoluto de James em relação ao Haiti depois de 1800. A ausência do Haiti moderno é ainda mais surpreendente se levarmos em conta a óbvia influência que *Life and Struggles*, de Padmore, teve sobre a escrita desse texto. Padmore incluiu, por exemplo, uma discussão bastante detalhada sobre a oposição dos haitianos ao imperialismo estadunidense em 1929, com estivadores gritando "ABAIXO O IMPERIALISMO AMERICANO" enquanto os camponeses marchavam das zonas rurais para a cidade. Um movimento unificado de trabalhadores urbanos e camponeses, confrontando um contingente bem armado de fuzileiros navais estadunidenses, teria se encaixado magnificamente no contexto de *Uma História da Revolta Negra*. Afinal, ao tratar sobre a África, James escreveu: "O que as autoridades mais temem é uma aliança entre os trabalhadores urbanos e os camponeses do interior".

os Estados Unidos não eram uma pequena ilha no Caribe, os negros escravizados e libertos estavam sempre dispersos e em minoria numérica. E, o que é mais significativo, a escravidão era importante demais para o desenvolvimento capitalista para ser abolida por princípio. Aqui é possível ver indícios da influência de James sobre o jovem Eric Williams, um ex-estudante seu da época de Trinidad. Se antecipando ao clássico de Williams, *Capitalismo e Escravidão* (1944), James escreveu: "A escravidão fez do algodão um rei; o algodão se tornou o alimento vital das indústrias britânicas, e construiu as fábricas da Nova Inglaterra". Além disso, o impulso cada vez mais forte na direção da abolição "não é uma súbita conscientização da humanidade, tão exaltada por historiadores românticos e reacionários, e sim o clímax de uma transformação gradual da economia mundial".

A Guerra Civil Americana foi o momento da verdade, o acontecimento mundial que deu uma chance a esses negros escravizados e entregues à fome. A análise de James das ações dos escravizados durante o conflito é retirada do monumental *Black Reconstruction in America*, de W.E.B. Du Bois, desde sua menção à "greve geral" até a descrição das reações hesitantes dos escravos aos soldados da União. A posse da terra era a chave. Inclusive, foi a luta pela terra que deu a esse "campesinato" recém-constituído sua força revolucionária, pois ninguém entende melhor que os sem-terra que a reforma agrária era o primeiro passo rumo à emancipação. "Foi assim na França em 1789, e na Rússia em 1917", argumentou James. "Os camponeses hoje estão politizados como nunca antes." Era mais um desafio ao marxismo ocidental — uma tradição que frequentemente demonstrava desconfiança em relação ao campesinato e depositava toda sua fé no proletariado.

A insistência no fato de que o campesinato — neste caso, os ex-escravizados — poderia ser uma força revolucionária por si só não era uma ideia totalmente nova. O comunista indiano M.N. Roy usou um argumento similar em seu debate com Lênin sobre a questão nacional-colonial[xxvii]. O que é singular em James é o argumento de que os movimentos revolucionários de massa assumem formas

---

xxvii Ver Manabendra NaTh Roy, *M.N Roy's Memoirs* (Mumbai; Nova York: Allied Publishers, 1964), p. 378; John Haithcox, *Communism and Nationalism in India: M.N. Roy and Comintern Policy, 1920-1939* (Princeton: Princeton University Press, 1971), pp. 14-15; D.C. Grover, *M.N. Roy: A Study of Revolution and Reason in Indian Politics* (Calcutá: Minerva Associates, 1973), pp. 2-13; V.B. Karnik, *M.N. Roy: A Political Biography* (Mumbai: Nav Jagriti Samaj, 1978), pp. 107-10. Ver também a nota x desta Introdução.

que muitas vezes são culturais e religiosas, e não políticas. Ele obriga o leitor a reexaminar esses movimentos aparentemente exóticos com novos olhos, e a levar a sério as crenças e superstições dos africanos e afrodescendentes. Talvez tenha chegado a essa conclusão por conta própria, já que seu primeiro e único romance, *Minty Alley*, e sua peça teatral de 1936 sobre Toussaint L'Ouverture demonstram uma sensibilidade notável ao poder da religião e da cultura como forças sociais e políticas relevantes na vida dos negros[xxviii]. Ou talvez tenha se comovido, assim como muita gente, quando se deparou com a brilhante defesa de Du Bois do poder do Divino em *Black Reconstruction*: "Uma tolice, toda essa conversa, você dirá, claro; e é por isso que nenhum norte-americano de hoje acredita na religião. Seus fatos são mero simbolismo; suas revelações, generalidades vagas; sua ética, uma questão de ganhos cuidadosamente sopesados. Mas, para a maioria dos quatro milhões de pretos emancipados pela guerra civil, Deus era real. Eles O conheciam. Eles O encontraram pessoalmente em diversas orgias enlouquecidas de frenesi religioso, ou sob o silêncio escuro da noite"[xxix].

Qualquer que seja a fonte, *Uma História da Revolta Negra* revela a impressionante fé de James nas massas e nas forças sobrenaturais que as moviam. O movimento Torre de Vigia, por exemplo, uma organização milenarista segundo a qual todos os governos ocidentais eram malignos e precisavam ser substituídos por um ordenamento mais justo, é descrito como uma das forças revolucionárias mais poderosas da África na década de 1930. Enquanto a maioria dos intérpretes marxistas considerava essas ideias absurdas e tendia a ver a religião como uma distração em face da verdadeira luta, James insistia em afirmar que as ideias por trás do movimento Torre de Vigia "representam realidades políticas e expressam aspirações políticas de forma muito mais imediata do que programas e diretrizes de partidos com milhões de membros, diferentes publicações e meio século de historiografia". Ele também discute os levantes religiosos na África Oriental e Central — com destaque para os liderados por John Chilembwe em Niassalândia e o culto de Simon Kimbangu no Congo Belga. Se para os marxis-

---

xxviii As primeiras versões de *Minty Alley* (Londres: Seeker & Warburg, 1936) foram escritas anos antes de o livro ser publicado, e *Toussaint L'Ouverture* foi encenada em Londres em março de 1936.

xxix W.E.B. Du Bois, *Black Reconstruction in America: An Essay Toward a History of the Part Which Black Folk Played in the Attempt to Reconstruct Democracy in America, 1860-1880* (Nova York: Harcourt, Brace, 1935), p. 124.

tas esses negros cristãos radicais eram insignificantes ou menos importantes do que, digamos, os mineiros em greve, o Estado colonial de forma nenhuma pensava assim: até mesmo o menor desafio imposto por essas "seitas" era tratado com uma repressão pesada e violenta. No mínimo, James se antecipou a uma geração posterior de historiadores, que viu esses movimentos religiosos como a fonte de algumas das contestações anticoloniais mais violentas do século XX[xxx].

A maior "profissão de fé" de James nesse sentido é sua discussão sobre o garveyismo. Ao levar a sério Marcus Garvey e seus seguidores, James adotou uma postura bem diferente de Padmore e da maioria de seus camaradas de IASB. Padmore (que, assim como outros ativistas da IASB, costumava pegar pesado contra Garvey quando discursava no Hyde Park) inclusive chegou a escrever que o garveyismo era "a mais reacionária expressão do nacionalismo burguês negro" e por isso completamente "estranho aos interesses dos trabalhadores negros"[xxxi]. Embora critique Garvey por sua visão racial limitada, sua colaboração com os imperialistas e com os racistas estadunidenses (em especial a Ku Klux Klan), além de sua incapacidade de enxergar as virtudes da organização dos trabalhadores, James ainda assim reconhece que Garvey construiu o maior movimento de massa negro da história. Portanto, em vez de tratar Garvey como um charlatão, James tenta entender seu apelo. Não havia outra escolha; em diversas passagens de *Uma História da Revolta Negra*, James reforça o argumento de que as massas são capazes de se mobilizar sozinhas, de escolher seus próprios líderes e de compreender a situação em que se encontram. Se Garvey tivesse simplesmente feito seus seguidores de tolos, então uma boa parte do mundo negro era composta por tolos.

O sucesso do garveyismo, sugere James, tem muito a ver com a natureza peculiar e complexa do racismo. Enquanto muitos de seus contemporâneos

---

xxx Ver, por exemplo, Michael Adas, *Prophets of Rebellion: Millenarian Protest Movements Against the European Colonial Order* (Chapel Hill: University of North Carolina Press, 1979); Karen Fields, *Revival and Rebellion in Colonial Africa* (Princeton: Princeton University Press, 1985); Robin D.G. Kelley, "The Religious Odyssey of African Radicals: Notes on the Communist Party of South Africa, 1921-1934", *Radical History Review*, n. 51, 1991, pp. 5-24; Vittorio Lanternari, *The Religions of the Oppressed: A Study of Modem Messianic Cults* (Nova York: Knopf, 1963); George Shepperson e Thomas Price, *Independent African: John Chilembwe and the Origins, Settings and Significance of the Nyasaland Native Rising of 1915* (Edimburgo: Edinburgh University Press, 1958).

xxxi Padmore, *Life and Struggles*, p. 126.

radicais se concentravam nos aspectos políticos, econômicos e estruturais do racismo, o capítulo de James sobre Garvey se dedica a explorar suas dimensões culturais e psicológicas. Em vez de enfatizar como o racismo é usado para dividir a classe trabalhadora, ele se concentra em vivências e experiências, em como "o negro é obrigado a sentir sua cor a cada passo". Em um mundo onde até a humanidade das pessoas de pele escura era constantemente atacada e questionada, Garvey oferecia a seus seguidores um sentido histórico e um reconhecimento enquanto pessoa. Ao associar todo o mundo negro à África e todos os negros uns aos outros, ele transformou uma minoria nacional em uma maioria internacional. Nas palavras de James: "Ele tornou o negro norte-americano mais consciente de suas origens africanas e despertou pela primeira vez um sentimento de solidariedade internacional entre africanos e pessoas de ascendência africana"[xxxii].

O reconhecimento por parte de James do potencial revolucionário do nacionalismo negro deveria ter feito de *Uma História da Revolta Negra* um clássico da esquerda. No final da década de 1930, quase todos os movimentos esquerdistas estavam se voltando para a "Questão Negra", inclusive os comunistas que abandonaram a autodeterminação em benefício da Frente Popular. Em 1939, um ano depois de James deixar a Inglaterra e se mudar para os Estados Unidos, ele tentou convencer o próprio Leon Trotsky, em uma reunião de cúpula em Coyoacan, no México, de que a esquerda precisava apoiar os movimentos negros autônomos nos termos deles, e de que a luta contra o racismo e pelos direitos democráticos vem antes da luta pelo socialismo. O nacionalismo negro, insistia ele, não era um desvio da luta de classes, e sim uma força revolucionária a ser levada em consideração[xxxiii].

Infelizmente, James estava cerca de três décadas adiantado, ou então a esquerda estava trinta anos atrasada. Nesse meio-tempo, *Uma História da Revolta Negra* permaneceu escondido. E, para muitos marxistas que ainda acreditavam que a revolução proletária ocorreria com os operários da indústria na vanguarda, o livro não fazia o menor sentido. Foi somente quando uma nova geração de jovens militantes com penteados afro descobriu este pequeno livro que toda a sua importância foi reconhecida.

xxxii Paul Buhle faz essa observação em *C.L.R. James: The Artist as Revolutionary*, p. 57.
xxxiii Para as transcrições do debate entre James ("J.R. Johnson") e Trotsky, ver Leon Trotsky on *Black Nationalism and Self-Determination* (Nova York: Pathfinder Press, 1978).

V.

Quando a Drum and Spear Press, uma editora negra e de orientação nacionalista em Washington, D.C., decidiu inaugurar seu catálogo com a reedição de *Uma História da Revolta Negra*, em 1969, James havia acabado de receber no ano anterior sua autorização para voltar aos Estados Unidos (depois de ser deportado para a Inglaterra em 1953)[xxxiv]. A editora era um desdobramento da Drum and Spear Bookstore, uma livraria especializada em literatura militante negra fundada em 1967 por um punhado de organizadores de movimentos sociais pelos direitos civis que atuavam no Sul dos Estados Unidos e que tinham voltado a se instalar na capital do país. Além da livraria, eles criaram uma escola comunitária chamada Centro de Educação Negra. Frustrado com a escassez de livros escritos por negros e sobre negros, o coletivo que administrava a Drum and Spear resolveu publicar seus próprios títulos e reeditar obras importantes que estavam fora de catálogo[xxxv].

Nessa época, os membros do coletivo tinham uma relação bastante próxima com C.L.R., que havia se mudado para Washington um ano depois de a livraria ser aberta. Conheceram James através do Federal City College, onde alguns deles também lecionavam. O apartamento de James na 16th Street logo se tornou uma espécie de ponto de encontro para aqueles jovens ativistas/intelectuais discutirem temas como libertação negra, organização comunitária, história, sociologia, política e uma ampla gama de outros assuntos. Na verdade, James não só participou das discussões que levaram à fundação da Drum and Spear Press como ofereceu *Uma História da Revolta*

---

xxxiv A Haskell House Publishers, de Nova York, também publicou *Uma História da Revolta Negra* em sua versão original em 1969, aparentemente sem o conhecimento ou a autorização de James.

xxxv Entrevista telefônica do autor com Charlie Cobb, 31 ago. 1994. (Cobb foi um membro fundador da livraria e da editora Drum and Spear.) Além do livro de James, o único outro título que publicaram foi um livro infantil escrito e ilustrado por Jennifer Lawson chamado *Children of Africa*. Tanto a livraria como a editora paralisaram as atividades por volta de 1973, em parte devido aos efeitos que os tumultos tiveram nos empreendimentos comerciais negros da 14th Street, e em parte devido às dificuldades que sempre assolam empresas ligadas a movimentos ativistas (suas decisões comerciais eram determinadas por motivos políticos e não análises de viabilidade econômica).

Negra como seu primeiro título. O coletivo Drum and Spear aceitou de bom grado: James era claramente um mentor respeitado pela nova geração. Na introdução à nova edição, Marvin Holloway, do Centro de Educação Negra, caracterizou James como um exemplo vivo de revolucionário que havia testemunhado e participado de lutas que a maioria dos jovens militantes só tinha lido a respeito. Em uma época em que "os negros de todo mundo estão clamando por autoconhecimento", C.R.L., com 68 anos, "se tornou uma grande fonte de sabedoria e aconselhamento para os jovens do Movimento de Resistência". E poderia haver época melhor para ser uma fonte de sabedoria e aconselhamento? No ano em que James voltou aos Estados Unidos, Martin Luther King Jr. foi assassinado, os guetos estavam em chamas, o Partido dos Panteras Negras estava na primeira página dos jornais, universitários faziam manifestações pela instauração de Departamentos de Estudos Negros, e o republicano Richard Nixon foi eleito presidente com a promessa de esmagar a onda de dissidência que ameaçava destruir a civilização estadunidense. O próprio James tinha acabado de encerrar uma turnê de palestras na África Oriental e Ocidental, trazendo, portanto, conhecimento em primeira mão sobre a situação dos países africanos recém-independentes.

Além do novo título, *Uma História da Revolta Pan-Africana*, James acrescentou um epílogo de 43 páginas chamado "A História da Revolta Pan-Africana: Um Resumo, 1939-1969", que trata brevemente da descolonização da África, do movimento pelos direitos civis nos Estados Unidos e de conflitos ocorridos pouco tempo antes no Caribe. Trata-se de um texto dos mais relevantes, por refletir o desenvolvimento intelectual e político de James desde que o livro foi publicado três décadas antes como uma monografia da série FACT do Partido Trabalhista Independente britânico. Ele não só acrescentou mais episódios de rebeliões negras à narrativa; fez também adições significativas à estrutura conceitual estabelecida na edição anterior.

Em primeiro lugar, o Epílogo proporciona uma defesa ainda mais forte do nacionalismo negro do que os capítulos anteriores. Na década de 1960, como se sabe, o nacionalismo negro havia se tornado mais impositivo e radical, adotando uma retórica e um estilo muito mais militantes do que qualquer coisa que Marcus Garvey poderia imaginar. Alguns nacionalistas negros nos Estados Unidos falavam em luta armada, expressavam solidariedade em relação a outros movimentos anticolonialistas, estudavam línguas africanas e, acima de tudo, identificavam-se com os moradores pobres dos guetos. Mas o apreço cada vez maior de James pelo potencial revolucionário do nacionalismo negro vem de muito antes disso — pelo menos da época da Segunda Guerra Mundial. Como membro do Partido Socialista dos Trabalhadores (SWP) e colaborador regular de seu jornal, o *Militant*, James ficou impressionadíssimo com a ascensão da auto-organização e do ativismo entre os negros durante a guerra[xxxvi]. Os trabalhadores afro-americanos sindicalizados passaram de 150 mil em 1935 para 1,2 milhão em 1945; as organizações pelos direitos civis recrutaram dezenas de milhares de membros (a NAACP, por exemplo, se tornou dez vezes maior durante a guerra); e os líderes negros mais populares pregavam uma "dupla vitória" contra o racismo em casa e contra o fascismo no exterior[xxxvii]. A campanha Double-V, poderosamente personificada pela corajosa marcha de A. Philip Randolph para Washington em 1943, expressava de forma articulada parte da esperança e da raiva compartilhadas por muitos negros. Como o jornalista negro Roi Ottley observou durante os primeiros anos de guerra, era impossível caminhar pelas ruas do Harlem sem perceber uma mudança profunda. "Ouça só como os negros vêm falando hoje em dia! [...] Os homens negros se tornaram ruidosos, agressivos e às vezes até desafiadores"[xxxviii].

xxxvi Alguns dos artigos de James para o *Militant* foram republicados em C.L.R. James, et al., *Fighting Racism in World War II* (Nova York: Monad Press, 1980). O entendimento de James do impacto da Segunda Guerra Mundial sobre os afro-americanos também fica bem claro em um manuscrito até então inédito da década de 1950 publicado em Anna Grimshaw e Keith Hart (Orgs.), *American Civilization* (Londres: Basil Blackwell, 1993), pp. 200-11.

xxxvii Manning Marable, *Race, Reform, and Rebellion: The Second Reconstruction in Black America, 1945-1982* (Jackson, MS: University Press of Mississippi, 1984), pp. 13-14; Herbert Garfinkel, *When Negroes March: The March on Washington Movement in the Organizational Politics of the FEPC* (Glencoe, Ill.: The Free Press, 1959).

xxxviii   Roi Ottley, *New World A-Comin': Inside Black America* (Boston: Houghton Mifflin, 1943), p. 306. Sobre a militância negra durante a guerra, ver Richard Dalfiume, "The 'Forgotten Years' of the Negro Revolution", *Journal of American History*, n. 55, jun. 1968, pp. 90-106; Herbert Garfinkel, *When Negroes March*; Peter J. Kellogg, "Civil Rights Consciousness in the 1940s", *The Historian*, n. 42, nov. 1979, pp. 18-41; Harvard Sitkoff, *A New Deal for Blacks: The Emergence of Civil Rights as a National Issue* (Oxford; Nova York: Oxford University Press, 1978), pp. 298-325; Robert Korstad e Nelson Lichtenstein, "Opportunities Found and Lost: Labor, Radicals, and the Early Civil Rights Movement", *Journal of American History*, n. 75, dez. 1988, pp. 786-811; Herbert Shapiro, *White Violence and Black Response: From Reconstruction to Montgomery* (Amherst: University of Massachusetts Press, 1988), pp. 301-48.

No fim da guerra, James estava convencido de que o nacionalismo negro era um elemento essencial e necessário para a luta pela liberdade dos negros. Já em 1945, ele acreditava que "o negro é um nacionalista convicto, e com todo o direito. Seu racismo, seu nacionalismo, são meios necessários para lhe dar força, respeito próprio e organização para lutar pela integração à sociedade norte-americana". Dois anos depois, em um importante documento intitulado "The Revolutionary Answer to the Negro Problem in the U.S.A.", ele reafirmou esses sentimentos e foi além. Em virtude de suas experiências com o racismo e o capitalismo nos Estados Unidos, argumentou James, os negros eram inerentemente revolucionários. "Qualquer um que os conheça", concluiu ele, "que conheça sua história, que seja capaz de conversar intimamente com eles, que os veja em seus teatros, que os veja em seus espetáculos de dança, que os veja em suas igrejas, que leia seus jornais com um olhar atento, deve reconhecer que, embora sua força social possa não se comparar à força social de um número correspondente de trabalhadores organizados, o ódio pela sociedade burguesa e a disposição para destruí-la quando surgir a oportunidade em um nível muito maior entre eles do que em qualquer outra parcela da população dos Estados Unidos"[xxxix].

Portanto, a ascensão do movimento Black Power não deixou James nem um pouco surpreso. O que surpreendia seus antigos apoiadores do campo da esquerda, porém, era o fato de ele falar tão pouco do proletariado durante esse período. Embora ele tenha lembrado a seus críticos de que ainda era "um homem do proletariado", o Epílogo, como vários de seus discursos no final da década de 1960, fala menos da luta dos trabalhadores do que os capítulos anteriores. Em vez deles, as forças dominantes na revolução negra pós-1938 são estudantes, ativistas pelos direitos civis e intelectuais. Essa mudança de ênfase se dá por influência da época e do contexto. James estava bastante animado com o movimento Black Power, em especial com seus porta-vozes de inclinações mais esquerdistas, como Stokely Carmichael e H. Rap Brown. Em um discurso de 1967, por exemplo, ele refutou as acusações de que Carmichael era um racialista e observou que a visão dele era bem

---

xxxix Carta para Constance Webb (1945), in *The C.L.R. James Reader*, p. 146; "The Revolutionary Answer to the Negro Problem in the U.S.A.", in *The C.L.R. James Reader*, pp. 188-89; Paul Buhle, "Marxism in the U.S.A.", in *C.L.R. James: His Life and Work*, p. 32; ver também Buhle, *C.L.R. James: The Artist as Revolutionary*, pp. 70-73.

mais próxima do socialismo do que a esquerda branca imaginava. Citando Lênin como fonte de embasamento, argumentou com veemência que o movimento Black Power constituía uma ameaça ao capital, e portanto deveria ser apoiado pela esquerda. Além disso, ele lembrou à plateia a importância de apoiar a auto-organização dos negros, sejam quais forem as contradições que o movimento pudesse exibir: "Quem somos nós para dizer: 'Sim, vocês têm o direito de dizer isso, mas não aquilo; vocês têm o direito de fazer isso, mas não aquilo?' Se nós conhecemos as realidades da opressão ao negro nos Estados Unidos (e se vocês não conhecem devemos ficar de boca fechada até conhecermos), então devemos nos guiar por uma expressão das Índias Ocidentais que recomendo a vocês: *o que ele faz, faz por bem*. Permitam-me repetir: o que os negros norte-americanos fazem, no que diz respeito a nós, é o que devem fazer. Eles estão se arriscando, colocando sua liberdade em perigo, correndo risco de vida se for necessário. *As decisões só cabem a eles*"[xl].

Onde o poder dos negros fazia mais diferença, porém, era na África. Claramente, o esteio da revolta pan-africana era o continente em si, e a luta que teve o maior impacto sobre James foi a ocorrida na Costa do Ouro — a colônia britânica na África Ocidental que se tornou o Estado moderno de Gana em 1957. A revolução na Costa do Ouro e seu admirado líder, Kwame Nkrumah, é a peça central do Epílogo. James acreditava, como muitos de seus pares, que Gana seria o farol a iluminar o caminho da emancipação para a África negra[xli].

James o conheceu anos antes, quando Nkrumah era um estudante na Universidade Lincoln, uma instituição de ensino historicamente negra na Pensilvânia. Como Nkrumah havia sido de certa forma treinado por Padmore para conduzir a luta pela independência em sua terra natal, James já tinha uma dose tremenda de confiança naquele jovem. Mas foi sua visita a Gana em 1957 que realmente abriu seus olhos para a importância daquele pequeno país da África Ocidental. De tão mobilizado que se sentiu pelos

---

xl "Black Power", in *The C.L.R. James Reader*, p. 369.

xli Durante a década de 1950, Padmore e Richard Wright escreveram livros sobre Gana, o que James faria em 1977. George Padmore, *The Gold Coast Revolution: The Struggle of an African People from Slavery to Freedom* (Londres: D. Dobson, 1953); Richard Wright, *Black Power: A Record of Reactions in the Land of Pathos* (Nova York: Harper & Brothers, 1954); C.L.R. James, *Nkrumah and the Ghana Revolution* (Westport, CT.: Lawrence and Hill, Co., 1977).

acontecimentos que presenciou na capital do país, Acra, James tratou de adiar seus planos de escrever um panfleto sobre a Hungria e imediatamente se pôs a produzir um pequeno livro sobre Gana. O nível de militância e auto-organização que observou impunha um desafio a suas teorias anteriores de revolução, inclusive algumas ideias defendidas em *Os Jacobinos Negros*. Ele passou a questionar até que ponto as revoluções na Europa Ocidental e na África eram interdependentes. Embora temesse que Gana, assim com outros países recém-independentes, pudesse se deixar contaminar por uma burocracia corrupta, James estava convencido de que havia algo diferente acontecendo sob a liderança de Nkrumah: uma verdadeira democracia de base popular. Ao fazer de Gana o centro de um amplo movimento de liberação africana, especulou James, Nkrumah promoveria uma revolução permanente. E, instituindo imediatamente o socialismo através da intervenção estatal e "dando início a novas relações sociais a partir de baixo", Gana poderia fazer a transição revolucionária que nem a União Soviética nem o Leste Europeu conseguiram[xlii].

Em meados dos anos 1960, no entanto, seu entusiasmo por Nkrumah e por Gana já tinha arrefecido. James admitiu que a nova sociedade pela qual esperava não foi construída, e que Nkrumah permitiu que uma burocracia corrupta se estabelecesse. O fracasso de Gana proporcionou a James duas lições fundamentais sobre a construção da sociedade pós-colonial, e ambas foram incorporadas a *Uma História da Revolta Pan-Africana*. A primeira é que uma sociedade revolucionária só pode ser criada se o Estado colonial for completamente desmantelado. A segunda é que a nova geração de líderes africanos precisa criar e manter vivas as instituições democráticas por todo o país. Mesmo se essas instituições forem contrárias ao governo, uma nova sociedade não pode ser construída sem elas. Esses dois argumentos carregam a óbvia influência de Frantz Fanon, cujo livro *Os Condenados da Terra* James leu antes de escrever o Epílogo. Ainda

---

xlii Carta de 20 mar. 1957, in Grimshaw (Org.), *The C.L.R. James Reader*, pp. 269-70; ver também, James, *Nkrumah*, pp. 50-158 *passim*.; Manning Marable, "The Fall of Kwame Nkrumah". in Buhle (Org.), *C.L.R. James: His Life and Work*, pp. 39-47. James ficou tão entusiasmado com Gana que em sua carta (citada acima) ele chegou a sugerir que os jovens negros do Ocidente imigrassem para lá! Vale lembrar que neste livro ele se refere ao plano de emigração proposto por Garvey como uma "bobagem risível".

que na teoria entendesse a importância de desmantelar o Estado colonial, James sabia que na prática os líderes africanos dos países recém-independentes tendiam a ser funcionários da administração pública com formação ocidental, que eram produtos do Estado colonial e portanto tinham um interesse pessoal em sua manutenção[xliii].

Para livrar a África de sua pequena-burguesia de burocratas, era necessária uma revolta incessante, uma revolução permanente a partir de baixo. Os recursos políticos e culturais para uma revolução como essa, argumenta ele, podem ser encontrados na sociedade africana tradicional. Mais uma vez, James demonstra uma enorme fé nas formas de organização e cultura criadas pelas próprias massas. Mas, ao contrário dos capítulos anteriores, o Epílogo as encara não como fontes de resistência ao imperialismo, e sim como as bases para a constituição de uma nova sociedade. "Existem também as práticas e os instintos democráticos das tribos africanas", ele observou em 1957, "não os dos malfadados chefes locais com suas plumas e seus guarda-sóis e seus banquinhos, transformados em pequenos tiranos pelo governo britânico, mas o velho método tribal de escolhê-los através de eleições e os depor caso se revelem insatisfatórios"[xliv]. Aqui ele faz sua ruptura mais acentuada até então com a tradição marxista europeia. O socialismo, concluiu James, não precisa ser construído sobre a lógica da organização industrial moderna; pode ser instituído a partir de tradições pré-capitalistas de democracia e relações sociais comunais.

James obviamente chegou a essa conclusão por conta própria, mas esse pensamento era compartilhado também por vários nacionalistas africanos, como Léopold Senghor, do Senegal, e Julius Nyerere, da Tanzânia[xlv].

---

xliii "The Rise and Fall of Nkrumah", in *The C.L.R. James Reader*, pp. 354-61; C.L.R. James, "Kwame Nkrumah of Ghana", in *At the Rendezvous of Victory*, p. 180.

xliv Carta de 20 mar. 1957, in *The C.L.R. James Reader*, p. 270.

xlv Ver Léopold Senghor, *Nation et Voie Africaine du Socialisme* (Paris: Editions Presence Africaine, 1961); Julius K. Nyerere, *Freedom and Socialism* (Nova York: Oxford University Press, 1968); Julius K. Nyerere, "African Socialism: Ujamaa in Practice", in Robert Chrisman e Nathan Hare (Orgs.), *Pan-Africanism* (Indianapolis; Nova York: The Bobbs-Merrill Co., 1974), pp. 107-13. O fato de James demonstrar tamanho entusiasmo em relação a Nyerere e não ter nada a dizer sobre Senghor é bastante revelador. Apesar de Senghor ter recorrido a grandes filósofos — Hegel, Marx, Engels e Lênin — e desenvolvido argumentos bastante sofisticados para a síntese do socialismo moderno e a cultura tradicional, ele não fez muita coisa em ter-

Quando Gana não correspondeu às expectativas criadas, James passou a acreditar que a Tanzânia era a esperança para o futuro da África. Inclusive, ele encerra este livro, e também seu estudo sobre Nkrumah, com um elogio ao projeto de transformação socialista de Nyerere intitulado "Sempre a partir da África". Olhando em retrospectiva, claro, nós sabemos que a tentativa de Nyerere de estabelecer uma economia nacional de caráter coletivista baseada em aldeias comunais foi um desastre absoluto, que seu regime reprimiu greves e movimentos oposicionistas e que seu partido — a União Nacional Africana da Tanzânia (TANU) — se envolveu até o pescoço com a corrupção[xlvi]. Mas, quando James escreveu o Epílogo, a famosa "Declaração de Arusha" do TANU, que estabelecia a filosofia e a estrutura da sociedade socialista africana da Tanzânia, tinha sido formulada menos de dois anos antes. E, no papel, era um documento notavelmente progressista. Com regulamentações exigindo que os líderes do partido e do governo fossem "ou um Camponês ou um Trabalhador", que cada um desses indivíduos não podia "ser associado de forma nenhuma às práticas do Capitalismo ou Feudalismo", como seria possível para um socialista *não* ficar impressionado com seu teor? O que atraiu James acima de tudo foram as ideias de Nyerere para a educação pública. Nyerere pretendia instituir escolas que preparassem os alunos para criar uma sociedade socialista com base na cultura tradicional. James acreditava que eram essas instituições de base que seriam capazes de promover a democracia e destruir o Estado colonial em todas as suas instâncias[xlvii].

O livro se encerra em tom de esperança. Nyerere não só havia encontrado um caminho revolucionário para a África, como fez a contribuição mais relevante ao pensamento marxista desde Lênin. Como sabemos

mos de sua implementação. O discurso sem a prática nunca foi bem-visto por James. Talvez ele estivesse pensando em Senghor, além de alguns outros, quando se referiu desdenhosamente à maior parte dos esforços para a construção de um "socialismo africano" como "discurso vazio e burocrático".

xlvi Três excelentes críticas à política "Ujamaa" e às visões românticas de Nyerere sobre o comunalismo africano podem ser encontradas em Issa Shivji, *Class Struggles in Tanzania* (Nova York: Monthly Review Press, 1976); A.M. Babu, *African Socialism or Socialist Africa?* (Londres: Zed Press, 1981); Arnold Temu e Bonaventure Swai, *Historians and Africanist History: A Critique* (Londres: Zed Press, 1983).

xlvii Além do Epílogo deste livro, ver Buhle, *C.L.R. James: The Artist as Revolutionary*, pp. 140-41.

hoje, James estava enganado em sua primeira afirmação, e para alguns estava equivocado em ambas. A ideia de que os africanos podem se valer de seus próprios recursos e culturas para construir uma sociedade socialista é difícil de rebater; o problema está na crença de que as sociedades pré-coloniais do continente eram inerentemente democráticas e praticavam uma espécie de "comunismo primitivo" que poderia estabelecer as bases para o socialismo moderno. Vários historiadores refutaram essa visão romântica do passado da África, expondo o nível de exploração de classe e gênero dentro das chamadas sociedades "tradicionais"[xlviii]. O fato de James ter acreditado nessa visão não compromete em nada seu brilhantismo ou as reflexões profundas que este livro tem a oferecer. Na verdade, significa apenas que ele não era adivinho. Mas o que considero de fato intrigante é seu silêncio total a respeito da Tanzânia pelo resto da vida. Mesmo depois que críticas pesadas ao governo do TANU foram levantadas por intelectuais radicais dentro da Tanzânia, James, ao que parece, nunca se deu ao trabalho de responder ou corrigir suas avaliações anteriores — pelo menos não por escrito. Inclusive, ele manteve inalterada sua avaliação de Nyerere no livro *Nkrumah and the Ghana Revolution*, publicado em 1977, um ano depois que Issa Shivji, um historiador marxista tanzaniano, expôs de forma minuciosa o fracasso absoluto das políticas de Nyerere em seu elogiadíssimo livro *Class Struggles in Tanzania*. Depois que seu livro sobre Nkrumah foi lançado, porém, o revolucionário de 76 anos de idade não tinha mais como manter a produtividade hercúlea que o tornou um dos estudiosos/ativistas mais prolíficos do mundo ocidental. Seu relativo silêncio sobre a África, assim como vários outros temas, não deveria ser encarado com surpresa[xlix].

---

xlviii Uma crítica similar é feita pelo trotskista sul-africano Baruch Hirson, que também é um historiador da esquerda da África do Sul. Ver seu artigo "Communalism and Socialism in Africa: The Misdirection of C.L.R. James", *Searchlight South Africa*, n. 4, fev. 1990, pp. 64-73.

xlix No entanto, o fato de James não ter mencionado as colônias portuguesas (Moçambique, Angola, Guiné-Bissau e Cabo Verde) no Epílogo e ter se manifestado sobre elas apenas de passagem nas décadas de 1970 e 1980 é um tanto surpreendente. Os movimentos anticolonialistas desses países não só pegaram em armas contra os portugueses e adotaram o marxismo-leninismo de uma ou outra vertente como também criaram zonas livres onde revolucionários e aldeões tentaram criar comunidades de orientação socialista em meio à guerra. Ver, por exemplo, Basil Davidson, *In the Eye of the Storm: Angola's People* (Garden City, NY: Anchor Books,

VI.

Uma História da Revolta Pan-Africana é um daqueles raros livros que transmitem um senso de urgência mesmo depois de tantas décadas de sua publicação. Em diversas ocasiões, suas lições se revelaram valiosas e relevantes para entender os movimentos de libertação da África e da diáspora. Cada geração que teve a oportunidade de ler este pequeno livro encontrou novas percepções, novas lições e novos pontos de vista para sua própria época. Quando os membros do coletivo *Race Today*, um grupo de pessoas não brancas de Londres que editava uma revista multicultural de mesmo nome, decidiram republicá-lo, em 1985, consideravam sua mensagem tão significativa para seu mundo como havia sido para os radicais africanos e caribenhos que circulavam pelas ruas da cidade cinquenta anos antes. Embora a Etiópia não fosse mais uma questão premente, muitas das batalhas que eles enfrentavam seriam reconhecíveis para a geração de 1930: África do Sul, Granada, os distúrbios em Brixton, a violência racista contra imigrantes, a luta por empoderamento político dos negros.

Publicamos esta terceira edição em um momento em que o curso da revolta negra entra em um período de intensa aceleração. As massas de pessoas caribenhas estão em franca rebelião contra o imperialismo estadunidense. Tamanha é a intensidade do movimento que é necessário mobilizar o poderio militar estadunidense para contê-lo. A África do Sul está em ebulição e o fim do regime do apartheid não tem mais como ser adiado por muito tempo. A ascensão de Jesse Jackson como uma figura de destaque na política estadunidense só pode ser explicada pelo movimento de massa dos negros norte-americanos estabelecido a partir de baixo.

Estamos certos de que *Uma História da Revolta Negra* contribuiu para uma compreensão desses eventos e pode orientar a ação direta de uma forma que poucos documentos históricos são capazes[1].

1973); Thomas Henriksen, "People's War in Angola, Mozambique and Guinea-Bissau", *The Journal of Modem African Studies*, n. 14, v. 3, 1976, pp. 377-99; Amilcar Cabral, *Revolution in Guinea* (Nova York: Monthly Review Press, 1969); Jack McCulloch, *In the Twilight of Revolution: The Political Theory of Amilcar Cabral* (Londres: Zed Books, 1983).

1 *A History of Negro Revolt* (Londres: Race Today Publications, 1985), p. 5. O motivo por que o coletivo *Race Today* resolveu usar o título antigo do livro em nenhum momento fica claro.

Lendo e relendo esse texto clássico, somos levados a refletir sobre nossa própria época e determinar como ele é capaz de orientar nossas próprias ações. O que o livro tem a dizer sobre a África do Sul pós-apartheid governada por Nelson Mandela? Ou sobre a situação desesperadora do Haiti, um lugar tão amado por James? E sobre a "limpeza étnica" em Ruanda? E quanto ao racismo e antissemitismo cada vez maiores na Europa e nos Estados Unidos? E os níveis altíssimos de desemprego e violência nas cidades capitalistas do Ocidente, e o virtual abandono dos guetos negros estadunidenses por parte da esquerda?

Literatura nenhuma é capaz de fazer o papel de bola de cristal, e apenas os fundamentalistas religiosos acreditam que um livro pode prover respostas abrangentes para todas as questões. Mas, no mínimo, *Uma História da Revolta Pan-Africana* nos oferece dois fatos incontestáveis. O primeiro é que, enquanto não tiverem direito à liberdade, à humanidade e a condições de vida decentes, os negros continuarão a se revoltar. O segundo é que, a não ser que incluam as massas de pessoas comuns e ocorram em seus próprios termos, suas revoltas não têm como ser bem-sucedidas. Como James afirmou sobre a revolução em Gana, essa luta pode parecer "às vezes patética, às vezes absolutamente cômica, alternando entre o sublime e o ridículo, mas sempre vibrante e cheia de vida de uma forma que só uma massa de pessoas comuns é capaz de ser"[li]. E, se os acontecimentos colaborarem, elas podem muito bem sair vencedoras.

Robin D.G. Kelley, Dia da Independência do Haiti, 1994

---

li C.L.R. James, "Colonialism and National Liberation in Africa: The Gold Coast Revolution", in Norman Miller e Roderick Aya (Orgs.), *National Liberation: Revolution in the Third World* (Nova York: The Free Press, 1971), p. 136.

NOTA À EDIÇÃO BRASILEIRA

"A história do negro em sua relação com a civilização europeia recai em duas divisões — o negro na África e o negro nos Estados Unidos e nas Índias Ocidentais". Assim começa o texto de C.L.R. James. O termo "Índias Ocidentais" é ainda hoje usado (cada vez menos) para se referir às ilhas do Caribe, mas até o século XVI designava, muitas vezes, todo o continente americano. E mesmo depois disso: foi a Companhia Holandesa das Índias Ocidentais (West-Indische Compagnie), criada em 1621, que promoveu a invasão do Nordeste brasileiro no século XVII. Ainda assim, nesta acepção mais abrangente, era já um arcaísmo em completo desuso quando C.L.R. James escreveu isso. De fato, James quase não menciona os países colonizados por Portugal ou Espanha neste livro. É um tanto surpreendente. Até porque, por exemplo, Trinidad e Tobago é bem próxima da Venezuela, e é para este país que Matilda foge na célebre canção que tem seu nome, lançada por King Radio, o trinitário pioneiro do calipso. Juanita Samuel Young, primeira mulher de C.L.R. James, era venezuelana.

Quanto ao Brasil, é possível especular que James não se sentia informado o bastante para falar a seu respeito, até porque o país vendeu por muito tempo o mito de democracia racial. "A geração de James leu Gilberto Freyre e depois Florestan Fernandes. Não estava certa ainda de como se davam as coisas aqui no Brasil", diz Marcio Farias, autor do posfácio deste livro.

Sabe-se que James foi bem próximo do brasileiro Mário Pedrosa no movimento trotskista. Ambos estavam em Périgny (França), no congresso de criação da IV Internacional, em 1938, e foram eleitos membros do comitê executivo da organização. Ambos partiram para Nova York, no final daquele ano, para ajudar a instalar a sede da IV Internacional. Ambos divergiram de Trotsky quanto à insistência deste em ainda classificar a União Soviética como estado proletário. E os dois foram criticados por Trotsky conjuntamente em uma carta de abril de 1940:

"Eles acreditam que neste momento em que o capitalismo agoniza, em meio a uma guerra e quando estamos à beira da clandestinidade, o centralismo bolchevique deve ser abandonado em favor da democracia ilimitada [...] a democracia deles tem sentido puramente individual: deixe-me fazer o que me agrada. Lebrun e Johnson (*pseudônimos de Pedrosa e James*) foram eleitos para o Comitê Executivo Internacional com base em certos princípios e como representantes de certas organizações. Ambos abandonaram os princípios e ignoram completamente suas próprias organizações. Esses 'democratas' agem como boêmios freelancers".

Ambos foram expulsos na mesma época da IV Internacional e, depois, mesmo à distância, desenvolveram em linhas gerais um pensamento político muito semelhante. Para saber mais sobre a ligação entre Pedrosa e James, recomendo *Sarabanda Plebeia*, de Claudio Nascimento (Lutas Anticapital, Marília, 2019) e *O Exílio de Mario Pedrosa nos Estados Unidos e os New York Intellectuals: Abstracionismo na Barbárie*, tese de doutorado de Marcelo Ribeiro Vasconcelos (Unicamp).

É possível que Pedrosa e James conversassem tanto sobre URSS, Estados Unidos, Europa, Trotsky e Lênin que não sobrasse muito tempo para falar de Brasil ou Trinidad e Tobago.

O fato de James não escrever a respeito do Brasil não é prova de indiferença. Abdias Nascimento teve um encontro com ele durante a preparação do 6º Congresso Pan-Africano (1974) e sustenta que James falou de sua intenção de colocar a situação brasileira como uma das pautas do evento. O documentário *Talking History: C L R James and E P Thompson* (de 1983, mas filmado em 1981), mostra uma longa conversa entre os dois historiadores a respeito dos acontecimentos da época (queda de Reza Pahlavi no Irã, a independência de Zimbabwe, o Solidarnosc na Polônia...) e quando entram na discussão a respeito da Índia, James diz: "...a Índia é muito importante e não estamos fazendo o bastante a respeito dela, e não estamos fazendo o bastante a respeito dos negros no Brasil. Esses são dois lugares e são as duas lacunas".

Provavelmente, o maior número de palavras que James dedicou ao Brasil foi para, em 1976, elogiar a escritora Carolina Maria de Jesus, comentando o sucesso de *Quarto de Despejo*: "O livro que tem tido maior circulação nessa enorme região é o livro dessa mulher negra com dois anos de educação. Este é um exemplo do que a massa da população pode fazer quando tem a oportunidade de exprimir a sua habilidade natural".

1. SÃO DOMINGOS

A história do negro em sua relação com a civilização europeia recai em duas divisões — o negro na África e o negro nos Estados Unidos e nas Índias Ocidentais. Até os anos 1880, apenas um décimo da África estava nas mãos dos europeus. Até essa época, portanto, é a tentativa do negro de se libertar de seus fardos no mundo ocidental que tem relevância política na história ocidental. No último quartel do século XIX, a civilização europeia se voltou de novo para a África, dessa vez não em busca de escravos para trabalhar em monoculturas na América, mas pelo controle do território e de sua população. Hoje (1938), a posição dos africanos na África é um dos principais problemas políticos contemporâneos. O que temos aqui é uma tentativa de traçar uma narrativa e uma análise das revoltas negras ao longo dos séculos: na época da escravidão; na África no último meio século; e nos Estados Unidos e nas Índias Ocidentais hoje.

É impossível, por questões de espaço, tratar aqui do tráfico negreiro e da escravidão; por esse mesmo motivo, foi necessário omitir as primeiras revoltas nas Índias Ocidentais e as incessantes ações de guerrilha promovidas nessas ilhas pelos *maroons* (ou escravos fugidos) contra seus antigos senhores. Os negros se revoltavam com frequência, e uma vez, na Guiana Holandesa, os revoltosos dominaram quase toda a colônia durante meses. Mas no século XVIII a principal colônia nas Índias Ocidentais era a colônia francesa de São Domingos (atual Haiti), e foi lá que ocorreu a mais célebre de todas as revoltas negras. Isso nos proporciona um ponto de partida muito útil.

O ano de 1789 foi um marco na história das revoltas negras nas Índias Ocidentais. A única revolta negra bem-sucedida, a única revolta de escravos bem-sucedida na história, teve origem na Revolução Francesa, sem a qual seu sucesso teria sido impossível.

Durante o século XVIII, a parte francesa da ilha de São Domingos atingiu um grau fabuloso de prosperidade, e em 1789 recebia 40 mil escravos por ano. Em 1789, o total movimentado pelo comércio exterior britânico era de 27 milhões de libras esterlinas, dos quais o comércio colonial respondia por 5 milhões. Já o total movimentado pelo comércio exterior francês era de 17 milhões de libras esterlinas, e São Domingos sozinha era responsável por 11 milhões. "É uma triste ironia da história humana", comenta Jaurès[1], "que as fortunas criadas em Bordeaux, em Nantes, pelo tráfico negreiro tenham concedido à burguesia a autoconfiança para exigir a liberdade e, assim, contribuiu para a emancipação humana". Mas o sistema colonial do século XVIII determinava que os bens manufaturados de que os colonos precisavam só poderiam ser comprados da França. Eles podiam vender sua produção apenas para a França. As mercadorias só podiam ser transportadas em navios franceses. Os proprietários de terras da colônia e o governo da metrópole portanto viviam às turras, e foi um conflito como esse que resultou na Guerra de Independência dos Estados Unidos. Os colonos norte-americanos conquistaram sua liberdade em 1783, e em menos de cinco anos a postura dos britânicos em relação ao tráfico negreiro mudou.

Antes de 1783, os britânicos eram os operadores mais bem-sucedidos do tráfico negreiro. Mas então perderam suas colônias norte-americanas, e eram os navios britânicos que supriam uma grande parte dos 40 mil escravos por ano que eram a base da prosperidade de São Domingos. O comércio exterior de São Domingos quase dobrou entre 1783 e 1789. Comparativamente, as colônias britânicas nas Índias Ocidentais eram pobres e, com a perda dos Estados Unidos, sua importância diminuiu muito. O monopólio dos produtores de cana-de-açúcar irritava a ascendente burguesia industrial, que se beneficiaria do livre comércio. Adam Smith e Arthur Young, economistas da incipiente era industrial, condenavam o alto custo da mão de obra escrava. A

---

1 Além de líder socialista, o marxista francês Jean Jaurès foi também importante como historiador. Antimilitarista, Jaurès foi assassinado em 31 de julho de 1914, dentro da insana euforia nacionalista francesa do início da Primeira Guerra Mundial.

Índia era um exemplo de país em que um trabalhador custava apenas 1 pence por dia, não precisava ser comprado e não conferia a seu patrão a pecha de escravista. Em 1787, a Sociedade Abolicionista[2] foi formada, e o governo britânico, que apenas alguns anos antes havia ameaçado destituir um governador da Jamaica caso ele interferisse de alguma forma no tráfico negreiro, mudou de ideia. Se o tráfico negreiro fosse interrompido de forma abrupta, São Domingos seria arruinada. As ilhas britânicas nada perderiam, pois já tinham a quantidade de escravos que lhes parecia necessária. Os abolicionistas, é verdade, trabalharam com afinco, e Clarkson[3], por exemplo, era um homem muito honesto e sincero. Muita gente se sentiu mobilizada pela propaganda deles. Mas o fato de uma considerável e influente parcela de homens de negócios britânicos considerarem o tráfico negreiro não só uma mancha em sua reputação nacional, mas também um rombo cada vez maior no bolso da nação era o que mais importava. As evidências disso são expostas em detalhes no livro *Os Jacobinos Negros*[4], deste autor, publicado em 1938, com uma nova edição revisada em 1963.

A Sociedade Abolicionista foi formada em 1787. Na época, a França estava em meio à agitação revolucionária, e os humanitários franceses formavam sua própria sociedade paralela, "Os Amigos do Negro". Eles pregavam a abolição não só do tráfico negreiro mas também da própria escravidão, e Brissot, Mirabeau, Condorcet, Robespierre e muitos nomes de destaque da Revolução estavam entre seus membros. Eles ignoravam ou minimizavam o fato de que, diferentemente da Grã-Bretanha, dois terços do comércio exterior francês estavam vinculados ao tráfico. Wilberforce[5] e Clarkson eram seus incentivadores, davam ajuda financeira à sociedade e promoviam atividades de propaganda na França. Era essa a situação na Europa quando a Revolução Francesa começou.

---

2 A Society for Effecting the Abolition of the Slave Trade, também conhecida como Abolition Society ou Anti-Slavery Society, foi criada por nove quakers e três anglicanos, entre estes Thomas Clarkson (1760-1846).

3 Thomas Clarkson e seu irmão, John Clarkson (1764-1828), estavam entre os principais europeus presentes na luta contra o escravismo.

4 JAMES, C.R.L. *Os Jacobinos Negros: Toussaint L'Ouverture e a revolução de São Domingos*. Tradução de Afonso Teixeira Filho. São Paulo: Boitempo, 2000.

5 William Wilberforce (1759-1833) liderou no parlamento britânico a luta pela abolição do escravismo. A primeira universidade de propriedade afro-americana nos Estados Unidos, a Wilberforce University (em Ohio), tem esse nome em homenagem a ele.

São Domingos tinha na época 500 mil escravos, e apenas 30 mil mulatos e um número mais ou menos similar de brancos. Mas os proprietários escravistas de São Domingos embarcaram de imediato na Revolução e, com cada setor interpretando à sua maneira os ideais de liberdade, igualdade e fraternidade, uma guerra civil logo se instalou entre eles. Alguns dos brancos ricos, em especial os que tinham dívidas com comerciantes franceses, queriam seguir o exemplo dos Estados Unidos e instaurar na prática um governo independente. Os mulatos desejavam se libertar de suas limitações, e os brancos pobres almejavam se tornar patrões e oficiais do governo, como os ricos. Essas classes se voltavam com todas as forças umas contra as outras. Os colonos brancos linchavam e matavam mulatos pela audácia de reivindicarem igualdade. Mas os próprios brancos estavam divididos entre monarquistas e revolucionários. As legislaturas revolucionárias francesas a princípio se esquivaram totalmente da questão dos direitos dos mulatos, e então lhes concederam alguns, que foram retirados logo em seguida. Os mulatos e os brancos estavam em conflito, o que criou a necessidade de fornecer armas para a mão de obra escrava. As notícias da França, as palavras de ordem de liberdade, igualdade e fraternidade, a agitação política em São Domingos, a guerra civil entre brancos ricos, brancos pobres e mulatos — foi tudo isso que dois anos depois despertou as massas adormecidas de escravos para a revolução. Em julho de 1791, no densamente povoado norte do país, eles planejaram uma rebelião.

Os escravos eram trabalhadores agrícolas e, como os camponeses revolucionários de todos os lugares, desejavam o extermínio de seus senhores. Mas, como trabalhavam e viviam em grupos de centenas de indivíduos em enormes engenhos de açúcar que ocupavam toda a Planície do Norte, eles se assemelhavam mais ao proletariado moderno do que a qualquer outro grupo de trabalhadores da época, e a rebelião foi, portanto, um movimento de massa minuciosamente preparado e organizado.

Em uma noite de agosto, caiu uma tempestade tropical na região, com raios e ventos fortes e chuva pesada. Carregando tochas para iluminar o caminho, os líderes da revolta se encontraram em uma clareira na densa floresta de Morne Rouge, uma montanha que se elevava sobre Cap François[6], a

---

6 Que depois virou Cap-Haïtien (ou, em créole, Kap Ayisyen), mas sempre foi conhecida como Le Cap ou Okap.

maior cidade da colônia. Foi lá que Boukman[7], o líder, depois de realizar encantamentos vodus e de sugar o sangue de um porco, deu as últimas instruções.

Naquela mesma noite, tudo começou. Os grupos de escravos assassinaram seus respectivos senhores e incendiaram seus engenhos até que tudo virasse cinzas. Os escravos destruíram tudo o que podiam. Eles sabiam que, enquanto os engenhos continuassem de pé, sua sina seria trabalhar lá até caírem mortos. Violaram todas as mulheres que caíram em suas mãos, muitas vezes sobre os corpos ainda vertendo sangue de seus maridos, pais e irmãos. No entanto, esse espírito de vingança não foi mantido por muito tempo. À medida que a revolução ganhou terreno, eles passaram a poupar boa parte dos homens, das mulheres e das crianças que atacavam de surpresa nos engenhos. Apenas com os prisioneiros de guerra eles permaneciam implacáveis. Rasgaram suas carnes com pinças incandescentes, os queimaram vivos em fogo lento, serraram um carpinteiro entre suas tábuas. Mas em termos gerais suas atrocidades jamais chegaram perto das selvagerias a que eles mesmos eram submetidos.

Os senhores de engenho se recusaram a levar a sério a revolta dos escravos. Eles continuavam a tramar contra os mulatos e a ameaçar o governo francês. Mas, conforme o caos foi se espalhando, os monarquistas ricos engoliram seu preconceito de cor e se aliaram aos mulatos contra os proprietários de terra revolucionários. Enquanto isso, a insurreição prosperava, e algumas semanas depois de seu início havia cerca de 100 mil escravos revoltosos reunidos em grandes grupos. Seus líderes eram Jean-François[8] e Biassou[9]. Toussaint L'Ouverture se juntou a eles um mês após a eclosão

---

7 Dutty Boukman nasceu no oeste da África, na chamada Senegambia (que hoje divide-se em dois países: Senegal e Gâmbia). Foi capturado, escravizado e levado para a Jamaica, depois São Domingos e, finalmente, Haiti, onde se tornou um hungã, sumo sacerdote do vodu.

8 Jean-François Papillon (ou Pétécou ou Orozco) nasceu na África, mas foi escravizado e levado para o Haiti, onde conseguiu escapar. Era um quilombola quando começou a revolução. Tornou-se o principal líder militar dos rebeldes até a ascensão de Toussaint L'Ouverture. Juntou-se aos espanhóis para lutar contra os franceses, mas depois que a Espanha e França assinaram o tratado conhecido como Paz de Basileia (em 1795), Papillon foi tratado quase que como um prisioneiro pelos seus antigos aliados espanhóis. Foi levado para a Espanha, onde morreu na miséria em 1805.

9 Georges Biassou (1741-1801), como Papillon, também se aliou aos espanhóis contra os fran-

da revolta. Aos 46 anos, havia sido o cocheiro de seu senhor e mais tarde, graças a sua inteligência, colocado como responsável pelos animais de criação da propriedade, um posto em geral ocupado por um homem branco. Tinha rudimentos de educação formal, mas não sabia escrever direito e em geral se comunicava em crioulo, o dialeto local do francês.

De repente no controle da cidade, esses líderes negros não sabiam o que fazer a seguir e, quando o governo francês enviou comissários afirmando que forças armadas (na verdade imaginárias) estavam a caminho, tramaram uma traição contra seus seguidores. Eles escreveram aos comissários prometendo que, em retribuição pela liberdade de algumas centenas, cooperariam para retornar os demais à condição de escravidão e se juntariam à caçada daqueles que oferecessem resistência. Toussaint, que estava a cargo da negociação, reduziu a oferta de quatrocentos libertos para sessenta. Os comissários franceses aceitaram de bom grado, mas os senhores de engenho brancos recusaram, com enorme desdém. Toussaint então perdeu a esperança inclusive de uma solução que envolvesse a traição do movimento, e começou a treinar um pequeno grupo de soldados entre suas hostes.

A legislatura francesa na época estava sob a liderança de Brissot e dos girondinos[10]. Eles conseguiram convencer os colonos de que era vantajoso conceder todos os direitos aos mulatos, e em abril de 1792 isso se tornou lei. Brissot, um vigoroso propagandista da abolição antes de assumir o poder, se recusava, contudo, a ir além do reconhecimento dos direitos dos mulatos. Longe de abolir a escravidão, ele e seu governo despacharam um destacamento para reprimir a revolta dos escravos. Essas tropas aportaram em São Domingos, mas, antes que pudessem começar seu ataque, ocorreram acon-

---

ceses, mas, depois da guerra, teve destino melhor: partiu para a Flórida (na época, colônia espanhola) onde foi nomeado comandante de uma milícia negra e chegou a fazer fortuna. Além de Papillon e Biassou, a primeira fase da rebelião teve outro importante líder militar: Jeannot Bullet, mais conhecido simplesmente como Jeannot. Em 1791, Jeannot acabou preso, condenado e executado pelos seus camaradas em razão da extrema crueldade com que tratava seus prisioneiros.

10 Jacques Pierre Brissot de Warville (1754-1793) fundou em 1788 o grupo abolicionista Societé des amis des Noirs (Sociedade dos Amigos dos Negros) e foi um dos líderes do período inicial da Revolução Francesa. Mas alinhou-se aos moderados girondinos (às vezes chamados de *brissotins*), renegou várias ideias que havia defendido antes como filósofo agitador, inclusive o republicanismo, e acabou na guilhotina.

tecimentos em Paris que alteraram o curso da Revolução Francesa e, com isso, da revolução negra na colônia.

Em 10 de agosto de 1792, as massas parisienses, cansadas dos equívocos e das indecisões dos parlamentares, invadiram o Palácio das Tulherias e depuseram os Bourbon do trono. Uma onda de entusiasmo pela liberdade varreu o país e, após a indiferença inicial em relação à escravidão, a França revolucionária passou a odiar mais do que qualquer outro setor da aristocracia os colonos brancos, "os aristocratas da pele". Em São Domingos, a notícia sobre os acontecimentos de 10 de agosto dividiu os proprietários escravistas de tal forma que a guerra civil, que estava encerrada, eclodiu de novo. Cada conflito entre os senhores era uma adição de força aos escravos.

Em fevereiro de 1793, foi declarada a guerra entre a França revolucionária e a Inglaterra e a Espanha. Os espanhóis da porção da ilha de São Domingos que era colônia da Espanha vinham ajudando desde o início os escravos contra os franceses. Nesse momento, eles ofereceram uma aliança formal, e os escravos uniram forças com os espanhóis. Se a França era uma república ou uma monarquia reacionária, isso não fazia diferença para o escravo da colônia, já que ambos os regimes pretendiam mantê-lo na condição de escravidão. Toussaint L'Ouverture se juntou aos outros, mas em segredo ofereceu aos franceses os serviços de seus homens treinados caso a escravidão fosse abolida. A oferta foi recusada. Ele fez uma proposta similar ao comandante espanhol, que também a rejeitou. Toussaint então decidiu ficar onde estava e esperar para ver como os acontecimentos se desdobrariam. Sonthonax, o comissário francês, sem saber mais o que fazer, ameaçado por britânicos e espanhóis e perdendo contingentes enormes de negros franceses, aboliu a escravidão como uma última medida capaz de lhe valer algum apoio. Sua manobra fracassou. Toussaint permaneceu com os espanhóis e conquistou a maior parte da Província do Norte para eles. Essa foi a gota d'água para os senhores de engenho, e eles ofereceram a colônia para Pitt[11], que despachou uma expedição da Europa para assumir as colônias francesas nas Índias Ocidentais. Os britânicos foram tomando tudo o que encontravam pela frente e, em junho de 1794, mais de dois terços de São Domingos e quase todas as ilhas francesas mais relevantes estavam nas mãos deles. O restante aparentemente cairia em questão de dias.

---

11 William Pitt "the Younger" (1759-1806) era o primeiro-ministro britânico na época.

Mas nesse meio-tempo a revolução continuava a ganhar força na França. Antes do fim de 1793, Brissot tinha sido removido do poder. Robespierre e os montanheses[12] estavam no governo, e conduziram a revolução contra seus inimigos no país e no exterior. A essa altura, toda a França revolucionária havia aderido à causa dos escravos, e muitos se recusavam inclusive a beber café, que vinha encharcado do sangue de seus semelhantes. Em 4 de fevereiro de 1794, a Convenção aboliu a escravidão sem que fosse necessário sequer um debate. "Os ingleses estão derrotados", bradou Danton. "Pitt e seus complôs estão em maus lençóis". O grande mestre das táticas revolucionárias tinha uma visão de grande alcance. A assistência da frota britânica havia imposto uma pressão pesada à revolução dos escravos, mas o decreto da abolição permitiu aos negros passar com convicção para o lado da França. Toussaint se juntou aos franceses de imediato e massacrou seus antigos aliados espanhóis, tanto brancos como negros; em Martinica, Guadalupe e outras colônias da França, os escravos, cantando "Ça Ira" e a "Marselhesa" e vestidos com as cores da república, começaram a expulsar os ingleses das ilhas francesas e então levaram a guerra aos territórios britânicos.

A Espanha assinou um tratado de paz em 1795, e em 1799 os britânicos tinham sido expulsos de São Domingos e da maioria das outras colônias francesas pelos negros e mulatos. John Fortescue, o historiador conservador do exército britânico, fez um relato vívido desse desastre colossal. A Grã-Bretanha perdeu 100 mil homens nas Índias Ocidentais em quatro anos, duas vezes e meia o número de baixas de Wellington em toda a Guerra Peninsular. As doenças tropicais fizeram um grande estrago, mas Toussaint L'Ouverture e o mulato Rigaud[13] em São Domingos, e Vic-

---

12 Era a ala mais radical na defesa do republicanismo. Eram chamados de montanheses (em francês: *montagnards*), porque sentavam-se nos bancos superiores da Assembleia Francesa.

13 Benoit Joseph André Rigaud (1761-1811), filho de um rico branco francês (algumas biografias dizem que seria um fazendeiro, outras que seria um oficial de justiça) e uma escravizada (algumas biografias dizem que era já uma liberta, uma curandeira de origem senegalesa), Rigaud foi reconhecido pelo pai, teve uma infância confortável e foi enviado para estudar na França. Logo iniciou a carreira militar. Aos 18 anos, alistou-se numa legião de caribenhos negros e mestiços que lutou na Guerra de Independência dos Estados Unidos. Depois de retornar a São Domingos, apoiou a Revolução Francesa e defendeu a libertação dos escravizados. Ainda assim, foi sempre defensor de um sistema de castas, no qual os negros estariam na base

tor Hugues[14], outro mulato, em Martinica e nas ilhas menores obtiveram a maioria das vitórias relevantes nas guerras da França revolucionária. Ajudados pelas doenças tropicais, nas palavras de Fortescue, eles "praticamente destruíram o exército britânico". Por seis anos, a Grã-Bretanha ficou envolvida em conflitos nas Índias Ocidentais e, mais uma vez citando Fortescue, se os britânicos tiveram um papel tão insignificante no ataque à França revolucionária na Europa durante os primeiros anos de guerra, a resposta está em "duas palavras fatais, São Domingos". O papel executado pelos negros no sucesso da grande Revolução Francesa nunca foi adequadamente reconhecido. Na Europa, a atividade revolucionária ignora os trabalhadores de cor, para seu próprio prejuízo.

Com a expulsão dos britânicos, L'Ouverture assumiu uma posição de grande poder. Ele era o comandante-chefe do exército, nomeado pelo governador francês, com oficiais brancos sob seu comando. Mas, assim que os britânicos saíram de cena, os franceses começaram a tramar contra ele, instigando uma disputa entre Toussaint e o mulato Rigaud, que deu início a uma ferrenha guerra civil. Toussaint saiu vitorioso, e depois tomou a parte espanhola de São Domingos. Ele estabeleceu um governo de pulso forte sobre toda a ilha, elaborou uma constituição que o tornou primeiro-cônsul vitalício e deu a São Domingos o "status de domínio", onde governava concentrando todo o poder em suas mãos. Em dezoito meses ele recuperou dois terços da prosperidade de uma colônia devastada por anos de guerras civis. Era um déspota, que confinava os trabalhadores aos engenhos e não admitia nenhuma interferência em seus desígnios, sob pena de punição severa. Mas protegia os trabalhadores da injustiça dos antigos senhores.

---

da pirâmide, abaixo dos brancos e mestiços. E mais: era contra a independência do país. Por tudo isso, acabou em guerra contra as forças de Toussaint, que o derrotou. Rigaud fugiu para a França em 1800, mas dois anos depois retornou com as forças enviadas por Napoleão, que pretendia retomar o controle do país. Depois que as forças napoleônicas foram massacradas, em 1803, Rigaud embarcou novamente para a França, dessa vez como prisioneiro. Ficou detido na mesma prisão em que Toussaint morreu, em 1803. Rigaud voltou ao Haiti em dezembro de 1810, e tentou estabelecer o controle de uma parte do país, mas morreu no ano seguinte.

14 Nascido em uma família rica de Marselha, Jean-Baptiste Victor Hughes (1762-1826) viveu parte da juventude em São Domingos. Envolveu-se com os jacobinos durante a Revolução Francesa e foi indicado governador de Guadalupe em 1794, já com a missão de fazer valer o decreto de libertação dos escravizados.

Garantiu que fossem pagos. Estabeleceu o livre comércio e a tolerância religiosa, aboliu a discriminação racial, tentou criar as bases de um sistema educacional, enviou jovens mulatos e negros para a França para receberem educação e estarem habilitados a assumir posições no governo quando voltassem. Também tratava os brancos com uma consideração e cortesia excepcionais, a ponto de os trabalhadores negros passarem a perder a confiança nele. Excessivamente confiante de sua influência sobre os negros, sacrificou sua popularidade para agradar aos franceses.

No entanto, a situação política na França havia mudado para pior. A inquietação revolucionária foi estabilizada sob Bonaparte, que pretendia restaurar a escravidão. Ele mandou uma expedição, liderada por seu cunhado Leclerc, que chegou a 60 mil homens. Depois de uma certa hesitação inicial, Toussaint partiu para a luta e por fim capitulou. Capturado em uma emboscada, foi mandado para a França, onde morreu em uma prisão alpina. Porém, assim que os planos de Bonaparte para a restauração da escravidão e da discriminação do antigo regime se tornaram conhecidos, a população, que até então estava sendo enganada pelas falsas declarações de Leclerc, se revoltou. Dessalines, um dos auxiliares de Toussaint, percebeu aquilo que o antigo líder jamais foi capaz de ver — que apenas a independência poderia garantir a liberdade. Os mulatos, que até então apoiavam Bonaparte, se juntaram aos negros, e juntos eles travaram uma guerra desesperada pela independência. Para vencer, quase tiveram que destruir a ilha. Entre as baixas no campo de batalha e em razão de doenças tropicais, a França perdeu mais de 50 mil homens. As crueldades praticadas pelos franceses nos últimos estágios da guerra civil superaram até mesmo a barbárie da época da escravidão. Dessalines, um homem inculto e que não tinha a mesma capacidade de Toussaint, liderava seu povo com uma ferocidade quase igual à dos franceses.

A postura dos brancos em relação às mudanças de regime em São Domingos proporciona uma perspectiva valiosa sobre a questão o preconceito racial. Antes da revolução, os negros eram tão desprezados que as mulheres brancas se despiam diante deles como se estivessem na companhia de um cão ou um gato. Dez anos depois, quando os antigos escravos passaram a governar o país, a maioria dos brancos aceitava o novo regime, confraternizava com os ex-escravos que se tornaram generais e jantava com eles à mesa; as mulheres brancas, membros de algumas das famílias mais orgulhosas da aristocracia francesa, se ofereciam sem pudor para o ditador negro, mandando para ele mechas de cabelos, suvenires, cartas de amor etc. Aos trabalhadores negros, porém, mostravam tanto quanto possível a mesma hostilidade de sempre. Quando a expedição de Leclerc chegou, os brancos foram logo se juntar a ele e desempenharam um papel fundamental nos espetáculos de gladiadores em que cães devoravam negros vivos etc. Porém, quando viram que a expedição de Leclerc estava fadada à derrota, dele se desvencilharam, voltando-se mais uma vez para os negros. Dessalines, o novo ditador, declarou a independência da ilha, mas prometeu que suas propriedades seriam mantidas. Isso bastou para eles. Quando os comandantes franceses estavam prestes a evacuar a ilha, ofereceram aos colonos brancos lugares em suas embarcações. Os colonos recusaram a oferta, aceitando de bom grado continuar vivendo sob o governo de negros que não eram mais franceses nem ao menos por associação: os negros de São Domingos deram a sua porção da ilha seu antigo nome caribe, Haiti, para enfatizar o rompimento com a França.

Os britânicos e norte-americanos, embora fossem os maiores empregadores de mão de obra escrava do mundo, apoiaram os esforços pela vitória dos negros para garantir a expulsão dos franceses. Durante toda a campanha de Leclerc, os jornais britânicos e norte-americanos atacaram os franceses e louvaram Toussaint e os negros. O fato de cidadãos franceses terem ficado na ilha não os agradou. Se por um lado Dessalines odiava os brancos por seu histórico de sucessivas traições e queria matar o máximo deles que pudesse, Christophe e Clairvaux, dois de seus auxiliares mais confiáveis, desaprovavam essa postura, e a maior parte da população não queria saber de mais derramamento de sangue. No entanto, Hugh Cathcart, um enviado inglês a São Domingos, avisou a Dessalines que os britânicos não fariam comércio nem acordos de defesa com o Haiti a não ser que todos os franceses fossem mortos. Não muito tempo depois, os franceses foram massacrados. O sr. Camille Guy conta essa história e indica suas fontes documentais no panfleto nº 3 do *Bulletin de Geographie Historique e Descriptive*, publicado em Paris em 1898. Em sua publicação, ele também fornece detalhes sobre os presentes que foram enviados de Londres e dos Estados Unidos a Dessalines por sua coroação e que chegaram em um cruzador britânico. É desnecessário dizer que, na maior parte dos livros sobre o assunto, o negro Dessalines aparece como o único responsável por esse massacre.

O sucesso dos negros de São Domingos aniquilou o tráfico negreiro e a escravidão nas Índias Ocidentais. Durante muitos anos, a França desejou reaver sua colônia. Os haitianos deixaram claro que resistiriam até o último homem e queimariam tudo até restarem apenas cinzas. A França teve que se conformar com a perda, a remoção de São Domingos de seu tratado comercial com as Índias Ocidentais, a abolição do tráfico negreiro em 1807 e da escravidão em 1834. Os senhores de engenho ingleses lutaram com todas as forças, mas a história estava contra eles. A revolução na França em 1848, durante seu limitado período de sucesso, aboliu a escravidão nas colônias francesas.

A revolução de São Domingos é a única revolta negra bem-sucedida, portanto as razões para seu sucesso devem ser assinaladas. A primeira é que os próprios negros lutaram magnificamente, e seu valor foi reconhecido por seus oponentes. No entanto, muitos já haviam lutado com o mesmo brilho antes e continuaram lutando depois. Eles foram afortunados por terem tido tempo de se organizarem como soldados. E isso se não se deu apenas por terem recebido inspiração da atividade revolucionária que acontecia em solo francês, mas também porque, entre 1794 e 1797, tiveram o apoio efetivo da França revolucionária. Os suprimentos e reforços que chegaram de fato até eles eram relativamente limitados, mas foram direcionados a promover, e não a retardar, a revolução dos escravos. Esse foi o fator decisivo. A situação internacional também ajudou. Mas o conflito entre Grã-Bretanha e França, e depois entre franceses e espanhóis, era mais uma consequência da revolução. Durante a última campanha, em um momento extremamente crítico, a declaração de guerra entre França e Grã-Bretanha, depois do breve intervalo que se seguiu ao Tratado de Amiens, tornou a vitória dos negros de São Domingos inevitável. Mas os negros se conduziram com grande habilidade. Os espanhóis e, nos estágios posteriores após sua derrota, os britânicos ofereceram aos negros acordos com a intenção oculta de se voltarem contra eles mais tarde e restaurar a escravidão. Maitland, o general britânico, afirma isso muito claramente em sua carta a Dundas, o secretário do Exterior, datada de 26 de dezembro de 1798 e preservada no Gabinete de Registros Públicos de Londres. Toussaint, porém, nunca se comprometeu com os britânicos. Embora aceitasse a ajuda deles quando lhe era conveniente, se recusou a firmar alianças. Portanto, fez o uso mais habilidoso possível das contradições imperialistas quando a França revolucionária foi esmagada e não tinha mais condições de lhe prestar assistência.

É preciso notar ainda um certo aspecto da luta que, embora derivativo, também é de extrema importância. Durante o período revolucionário, os negros lutaram sob as palavras de ordem de liberdade e igualdade. Eles adotaram a doutrina revolucionária e pensavam em termos republicanos. O resultado foi que esses escravos, sem educação formal, semisselvagens e degradados de uma forma só possível após séculos de escravidão, atingiram uma liberalidade em termos de aspirações sociais e um esclarecimento em termos de pensamento político comparáveis a qualquer coisa similar que estivesse acontecendo na França. Centenas de cartas, proclamações e documentos de Toussaint foram preservados, alguns nos arquivos nacionais na França, outros em São Domingos. Os papéis de negros e mulatos contemporâneos seus também foram preservados. Christophe e Dessalines, que dividiam a liderança com Toussaint, eram quase analfabetos, saídos das fileiras de escravos. Mas eles e seus oficiais não só agiam como também falavam e ditavam seus comunicados como revolucionários modernos de alta patente.

Alguns exemplos disso devem ser oferecidos. Nem todos os negros se juntaram aos franceses. Uma parte deles permaneceu ao lado dos governantes espanhóis da porção da ilha de São Domingos que era colônia da Espanha. Seu líder, um homem de grande orgulho racial, recusava as investidas dos franceses e disse a Laveaux, o comandante francês, que só acreditaria em sua pretensa igualdade quando visse o sr. Laveaux e outros cavalheiros como ele entregando a mão de suas filhas a pretendentes negros. No entanto, os republicanos negros tinham um imenso desprezo pelos monarquistas negros. Vejamos a seguinte proclamação em resposta às investidas feitas em nome das autoridades espanholas pelos negros que apoiavam a monarquia:

> Somos republicanos e, por consequência, livres por direito natural. Só é possível haver reis cujo próprio nome expressa o que existe de mais vil e baixo, que têm a audácia de arrogar a si mesmos o direito de reduzir à escravidão homens que são seus semelhantes, que a natureza criou para serem livres.
> O rei da Espanha lhes fornece armas e munições em abundância.

Usem-nas para firmar ainda mais seus grilhões. [...] Quanto a nós, não precisamos de nada mais do que paus e pedras para fazê-los dançar a Carmagnole[15]. [...]

Vocês receberam comendas e têm suas garantias. Guardem seus suprimentos e pergaminhos. Um dia eles lhe servirão da mesma forma que os títulos pomposos de nossos antigos aristocratas serviram a eles. Se o rei dos franceses, que arrasta sua decadência de corte em corte, precisa da assistência de escravos para sua magnificência, que a procure entre outros reis que contam com escravos e súditos em igual medida.

Em 1797, quando Toussaint L'Ouverture começou a suspeitar que o governo francês tinha passado a representar forças que em última análise visavam a restauração da escravidão, mandou uma carta que parecia saída diretamente da pena de Mirabeau, Danton ou Robespierre, em vez de ter sido ditada no dialeto local por um ex-escravo e então escrita e reescrita por seus secretários até expressar os pensamentos que ele desejava.

Eles pensam que homens que puderam desfrutar da bênção da liberdade aceitarão calmamente que ela lhes seja tirada? Eles suportaram os grilhões por tanto tempo apenas porque não conheciam outra condição de vida mais feliz que a escravidão. Mas hoje, quando a abandonamos, se eles tivessem mil vidas, sacrificariam todas antes de serem forçados de volta à escravidão. Não, a mesma mão que rompeu nossos grilhões não nos escravizará de novo. A França não abrirá mão de seus princípios, não tirará de nós o maior de seus benefícios. Ela nos protegerá de todos os nossos inimigos; não permitirá que sua moralidade sublime seja pervertida, que seus princípios mais honrosos sejam destruídos, que sua conquista mais bela seja degradada, que o Decreto de 16

---

15 No original consta "Carmapole", mas provavelmente por algum erro de transcrição. A "Carmagnole" foi uma popular canção republicana que surgiu durante a Revolução Francesa. Zombava da realeza e dos monarquistas e louvava o espírito de luta dos sans-culottes. Um dos castigos impostos aos nobres e autoridades da Igreja era obrigá-los a dançar a "Carmagnole".

de pluvioso que tanto honra a humanidade seja revogado. *Mas se, para reestabelecer a escravidão em São Domingos, isso fosse feito, en-tão eu lhes declaro que seria uma tentativa de obter o impossível: nós sabemos como encarar perigos para obter nossa liberdade, e sabere-mos como enfrentar a morte para mantê-la.* [Grifos do original] Esse, cidadãos diretores, é o moral do povo de São Domingos, es-ses são os princípios que o povo lhes transmite através de mim. Os meus, os senhores conhecem. Basta renovar, com um aperto de mãos, o juramento que fiz, de preferir a morte a permitir que a gratidão morra em meu coração, que eu deixe de ser fiel à França e a meu dever, que o deus da liberdade seja profanado e maculado pelos liberticidas, que eles possam arrancar de minhas mãos essa espada, essas armas que a França me confiou "para a defesa de seus direitos e os da humanidade, para o triunfo da liberdade e da igualdade".

O preconceito racial era extremado antes da revolução, e os negros e mulatos se odiavam tanto quanto os negros e brancos. Mas em 1799, quan-do a guerra civil estava prestes a começar entre os negros do Norte e do Oeste e os mulatos do Sul, um conflito baseado nos interesses sociais dis-tintos das duas classes, Rigaud, o líder dos mulatos, em vez de enfatizar a diferença de cor, como os mulatos sempre fizeram antes da revolução, se defendeu de forma acalorada contra a ideia de que era hostil a Toussaint, o comandante-chefe, por ser um negro:

Na verdade, se eu chegasse ao ponto de não aceitar obedecer a um negro, se eu tivesse a presunção estúpida de acreditar que essa obediência me rebaixa, que argumentos eu teria para co-brar obediência de brancos? Que exemplo lamentável eu não daria àqueles que estão sob minhas ordens? Além disso, existe uma diferença tão grande entre a cor do comandante-chefe e a minha? É o matiz da cor, mais escuro ou menos, que instila os princípios da filosofia ou concede mérito ao indivíduo? [...] Eu dediquei minha vida à defesa dos negros. Desde o início da revo-lução enfrentei de tudo pela causa da liberdade. Não traí meus princípios e jamais o farei. Além disso, acredito demais nos Direitos do Homem para achar que existe uma cor naturalmente superior a outra. Eu vejo um homem apenas como um homem.

Com o incentivo dos revolucionários franceses, a revolução parecia ter criado uma nova nação. A grande tragédia de São Domingos foi que a revolução na França foi superada pela reação, e os antigos escravistas reconquistaram sua influência e se voltaram contra os negros exauridos.

2. OS ANTIGOS ESTADOS UNIDOS

As revoltas nos Estados Unidos seguem a mesma linha das ocorridas nas Índias Ocidentais antes de 1789 — rebeliões frequentes e mal organizadas que sempre são esmagadas com relativa facilidade.

Uma revolta típica desse tipo aconteceu em Stono, uma fazenda de monocultura a mais ou menos 30 quilômetros a oeste da costa da Carolina, em setembro de 1739. Algumas dezenas de escravos mataram dois guardas em um paiol, se armaram e partiram rumo ao rio Edisto. Outros negros se juntaram a eles, que marcharam com estandarte em punho, batendo tambor, gritando por liberdade e matando e queimando tudo o que aparecesse em seu caminho. Assassinaram uns 25 brancos, mas pouparam um que era um bom homem e tratava bem seus escravos. Depois de alguns quilômetros de destruição, pararam para descansar, porém foram surpreendidos por seus senhores, que saíram em sua perseguição. Eles lutaram bravamente, mas foram derrotados, e quase todos acabaram baleados na batalha, enforcados ou pendurados vivos em gibbets[1] em praça pública. Esse é o tema que se repetia com algumas variações em estado após estado na América do Norte e em ilha após ilha nas Índias Ocidentais. Os escravos não ganhavam nada com essas revoltas. Não passaram a receber um tratamento melhor. Pelo contrário, suas revoltas foram selvagemente reprimidas, e a legislação local se tornou ainda mais rígida.

---

1 "Gibbet" era um instrumento de tortura e execução. Uma espécie de gaiola em que a vítima ficava em pé sem poder se mexer, até morrer de sede e fome. Mesmo depois de morto, ela ficava lá pendurada até que as aves de rapina e o tempo levassem seus restos mortais.

Mas as revoltas norte-americanas entre 1670 e 1860 seguiam certos padrões. Essa de 1739 foi parte de uma série de acontecimentos do mesmo tipo na Carolina do Sul entre 1737 e 1740, um período de grandes dificuldades econômicas. Era a intriga imperialista em ação. A Espanha ainda tinha colônias na América do Norte, e os espanhóis incentivavam a rebelião desses escravos africanos. Muitos dos negros eram capturados em Angola e, por serem católicos, eram atraídos pelos espanhóis. Quando os revoltosos partiram para o Edisto, pretendiam seguir até a foz do rio, que ficava em território espanhol. Em determinado momento, os negros tinham uma superioridade numérica de quatro para um em relação aos brancos nesse estado. Mas, apesar das condições favoráveis, a revolta parece ter deixado de fora milhares de escravos que, ao que tudo indica, não estavam dispostos a participar. Enquanto os senhores viviam em estado de constante terror, os negros pareciam ignorar suas potencialidades revolucionárias quando organizados em grande escala.

A revolução de São Domingos e seu sucesso dominou a mente dos negros nas Índias Ocidentais e na América do Norte na geração seguinte[2]. Na América do Norte, onde os escravos se rebelavam periodicamente desde o início da escravidão, São Domingos inspirou uma série de novas revoltas ao longo dos vinte anos seguintes. Existem relatos documentados dessas revoltas de escravos norte-americanos nos Estados Unidos. Em 1795, uma revolta na Louisiana fracassou por causa de um desentendimento quanto ao método. Mas essa revolta se tornou notável por causa do aparecimento de uma característica importante que parece ser uma consequência direta da ebulição revolucionária da época: havia brancos aliados aos negros desde o começo. Cinco anos depois, em 1800, houve uma conhecida revolta liderada pelo escravo negro Gabriel, na Virgínia. As autoridades brancas, para sua sorte, ficaram sabendo da rebelião antes que começasse de fato e puderam tomar as precauções necessárias. Cerca de mil escravos, armados de porretes e espadas, que vinham confeccionando desde a última colheita, se reu-

---

2 E também no resto das Américas, inclusive no Brasil, onde o exemplo haitiano aterrorizou senhores escravistas e inspirou não apenas abolicionistas, mas também movimentos pela independência do país. Emiliano Mundurucu, um dos heróis da Confederação do Equador (1824), chegou a falar em "imitar o povo haitiano". A este respeito, ver o livro *A Revolução no Haiti e o Brasil escravista: o que não deve ser dito*, de Marco Morel (Paco Editorial, 2017).

niram a cerca de 10 quilômetros da cidade de Richmond. No entanto, uma tempestade fortíssima fez os rios transbordarem, derrubou pontes e tornou impossível a condução das operações militares. A revolta terminou, como sempre, em fracasso e repressão sangrenta. Mas Gabriel e seus seguidores eram escravos revolucionários acima da média. Pretendiam poupar os franceses, por associá-los à liberdade, igualdade e fraternidade. Também poupariam os quakers e os metodistas, por serem firmes opositores da escravidão. Além disso, tinham a esperança de que os brancos mais pobres se juntassem a eles. Depois da derrota por antecipação, Gabriel foi capturado, julgado e executado. Não se sabe quantos negros estavam envolvidos, mas as estimativas variam entre 2 mil e 10 mil.

Mesmo não levando em conta os fatores acidentais que mataram a revolta no nascedouro, é impossível ver outro resultado que não fosse a derrota. A iniciativa não tinha apoio entre os elementos revolucionários mais poderosos do país. Não tinha apoio no exterior. Fracassos similares ocorreriam em levantes na Virgínia e na Carolina do Norte nos dois anos seguintes. Nesses casos, porém, temos evidências claras de que os brancos pobres dos distritos em questão estavam de fato aliados com os negros. Este era o discurso de recrutamento de um dos negros revoltosos:

> Eu assumi a tarefa de conduzir o país à liberdade, isso ocupa minha mente há um bom tempo. Lembrem-se do quanto já contei, que reuni tanto negros como brancos que são homens comuns, ou gente branca pobre, os mulatos vão se juntar a mim para libertar o país, apesar de já serem livres. Tenho oito ou dez homens brancos para conduzir a luta no paiol, eles vão antes de mim e distribuirão armas, pólvora, pistolas, balas e outras coisas que servirem ao propósito [...] eu estou disposto a perder a vida se for preciso.

Houve rebeliões em 1811 e de novo em 1816, e até na década seguinte, em 1822, um certo Denmark Vesey, um negro liberto, tentou liderar uma revolta parcialmente inspirada em São Domingos na Virgínia. Vesey baseou seus esforços em leituras da Bíblia, mas também tinha a revolução de São Domingos em mente, pois escreveu para os governantes do Haiti informando sobre seus planos e pedindo auxílio. Apesar de seu viés religioso, ou talvez justamente por isso, todos os que se opusessem à rebelião seriam mortos. O número de envolvidos parecia estar entre 6 mil e 9 mil, e alguns dos apoiadores vinham de lugares que distavam até 130 quilômetros. A insurreição foi traída, provavelmente pelo mesmo tipo traiçoeiro de sempre — o escravo doméstico que era bem tratado por seu senhor e usava as roupas que ele não queria mais.

A última revolta relevante nos Estados Unidos foi a de Nat Turner, nascida da agitação antiescravagista que culminaria com a abolição nas colônias britânicas. O México aboliu o trabalho escravo em 1829, e durante esse período, nas Índias Ocidentais e na América Espanhola, houve revoltas após revoltas. A de Turner não tinha um escopo muito amplo. Homem inteligente e talentoso, ele buscou inspiração na Bíblia. Em fevereiro de 1831, cerca de 70 negros, alguns deles a cavalo, percorreram uma área de cerca de 30 quilômetros e mataram por volta de 60 mulheres e crianças. Acabaram derrotados por centenas de tropas estaduais. Turner foi capturado e enforcado.

Até então, uma revolta como a de Turner era algo corriqueiro. Mas essa teve um efeito desproporcional à sua dimensão. Embora haja relatos de conspirações e rebeliões de escravos em todos os estados sulistas nos trinta anos seguintes, nada em maior escala voltou a ser tentado. Por outro lado, na época da revolta de Turner, os grandes proprietários sulistas perceberam que a inquietação "não se limitava aos escravos". A partir desse momento, o medo da união entre os negros e brancos pobres levou o Sul a reprimir com severidade qualquer oposição à escravidão que aparecesse em seus territórios, viesse de onde viesse. Uma censura rígida foi instaurada. Nos anos anteriores à Guerra Civil Americana, a agitação entre os escravos era generalizada por todo o Sul. No entanto, a grande chance deles não veio através das mãos dos brancos pobres sulistas, e sim das necessidades econômicas e políticas dos brancos do norte.

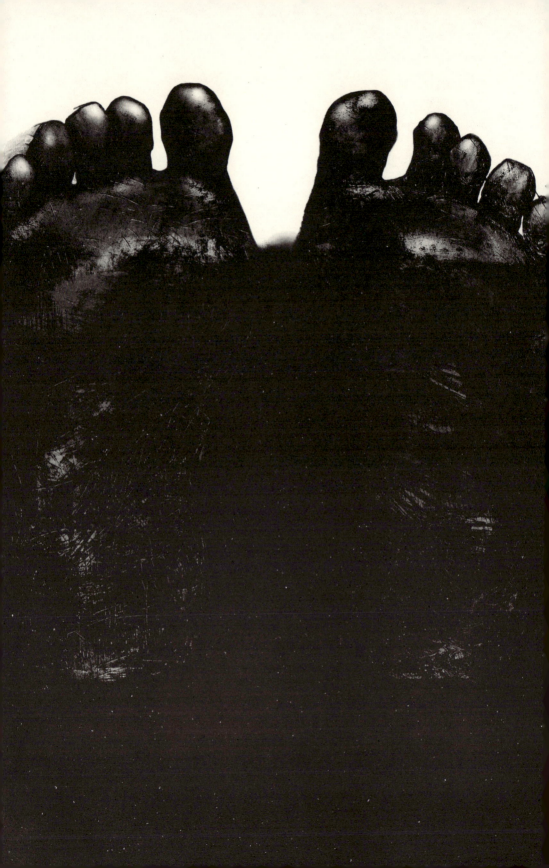

3. A GUERRA CIVIL

Antes de analisarmos o curso dos eventos da emancipação nos Estados Unidos, vejamos do que os negros foram emancipados. Em 1860, a escravidão ainda era bastante disseminada nos estados do Sul. Sabemos como era a escravidão no século XVIII. E não mudou muita coisa na segunda metade do século XIX.

Aqui temos um caso que poderia ter ocorrido em São Domingos, Barbados ou na Guiana Inglesa em 1749:

> O negro foi amarrado a uma árvore e surrado com açoites. Quando Souther se cansou de impor a surra, chamou um negro seu e o fez "flagelar" Sam com um chicote. Ele também fez uma mulher negra ajudar a "flagelar". E, depois do "flagelo" e do açoite, ele pôs fogo no corpo de seu escravo, nas costas, na barriga e nas partes pudendas. Depois mandou lavá-lo com água quente infundida com *pimenta vermelha*. O negro também foi amarrado a um tronco, e a um poste, com cordas, que o enforcaram, e ele foi chutado e pisoteado por Souther. Esse tipo de castigo continuou e se repetiu até o negro morrer de agonia.

Os registros da época relatam histórias de corpos queimados, mutilados etc., assim como nas Índias Ocidentais 150 anos antes.

Os senhores não passavam o tempo todo espancando e torturando seus escravos. Mas poucos dentre seus vizinhos se importavam se fizessem isso e, quando as torturas ocorriam, não eram frequentes a ponto de causar alarme naqueles que as testemunhavam. Nesse sentido, 1860 não era muito diferente de 1660. Tanto Gladstone[1] como o *London Times*[2] apoiaram os escravistas contra o Norte na Guerra Civil Americana.

Nessa mesma época, o governador Eyre, da Jamaica, sem a menor justificativa, autorizou a perseguição sangrenta a negros que se revoltaram contra fatos graves e se conduziram com grande moderação. Os *maroons* foram acionados, e estouraram os miolos de crianças e rasgaram os corpos de mulheres grávidas; já o mais civilizado marechal Ramsay atirava nas vítimas com suas tropas policiais militares e as açoitava até arrancar pedaços de sua carne. Quase quinhentos negros foram mortos, e milhares foram açoitados, às vezes com um chicote com cordas de piano entrelaçadas; até duzentas chibatadas eram administradas de uma só vez. A Grã-Bretanha se dividiu, com Carlyle[3] liderando a defesa de Eyre, que foi aposentado. Como aconteceu na época da Guerra Civil Americana, a menção desse incidente tem relevância aqui para colocar em perspectiva a crueldade dos norte-americanos contra seus escravos.

Obviamente, uma maior conscientização ou esclarecimento da humanidade não bastaria para abolir a escravidão do negro nos Estados Unidos. Essas forças que apelam ao coração do homem não tinham servido para abolir a escravidão por 250 anos. Por que de repente se tornariam mais poderosas em 1850?

Em primeiro lugar, conforme já vimos, o negro não era um animal dócil. Ele se revoltava com frequência. Em 1850, resolveu mudar de tática. Por uma geração antes da eclosão da Guerra Civil, os escravos mais audaciosos do Sul tentaram a liberdade fugindo para o Norte, cuja estrutura econômica dispensava a necessidade da escravidão. No Sul, os norte-americanos das

---

1 O liberal William E. Gladstone (1809-1898) foi um dos mais célebres e poderosos políticos ingleses do século XIX e, à época da Guerra Civil Norte-Americana, era o chanceler britânico. Ele era de Liverpool, cuja indústria têxtil dependia bastante do algodão produzido no sul dos Estados Unidos.

2 É o nome pelo qual o tradicional jornal inglês *The Times* costuma ser referido em outros países de língua inglesa.

3 O escritor, matemático e historiador Thomas Carlyle (1795-1881) foi talvez o mais influente intelectual britânico do século XIX. Reacionário e racista, chegou a defender publicamente a reintrodução do escravismo nas colônias britânicas.

montanhas da Carolina do Norte, do Kentucky e do Tennessee também não precisavam de mão de obra escrava. Eles formaram sociedades antiescravistas, e revolucionários cristãos e liberais ajudavam os escravos a escapar. Junto com alguns negros audaciosos, organizaram a famosa Underground Railroad (Ferrovia Subterrânea) para ajudar os escravos em fuga. Através de várias rotas especiais, os escravos eram conduzidos do Sul para o Norte, onde eram libertados. Milhares de negros ganharam a liberdade dessa maneira. A mais corajosa e célebre entre as operadoras dessas rotas clandestinas era a negra Harriet Tubman. Nascida escrava, ela fugiu, mas com um rifle em punho dedicou a vida a ajudar os outros a conseguir a liberdade através da Underground Railroad. Os proprietários sulistas ofereceram uma recompensa de 40 mil dólares por sua captura, mas ela sabia como se embrenhar no coração do território sulista para cumprir seus objetivos. Não só os escravos, mas também os negros libertos faziam parte de toda essa agitação e organização. Quando John Brown[4] fez sua famosa incursão, havia negros com ele, e alguns perderam a vida na luta, e outros nas mãos das autoridades sulistas. A agitação dos abolicionistas, as fugas sensacionais pela Underground Railroad, a inquietação entre os negros — tudo isso ajudou a chamar a atenção do público para a escravidão. Mas bem antes da Guerra Civil as grandes questões que estavam em jogo já vinham se tornando bem claras.

O Sul dominou a legislatura federal por mais de meio século, mas, com a expansão industrial cada vez maior do Norte, esse predomínio estava em risco. Tanto o Norte como o Sul estavam se expandindo em direção ao Oeste (paralelismo). Os novos estados deveriam se basear na escravidão, como no Sul, ou no livre capitalismo, como queria o Norte? Não era uma questão moral. A vitória significaria um controle maior sobre o legislativo para os vencedores. Quando o Norte se fortaleceu o bastante, os nortistas decretaram que não haveria extensão do território escravista. Para o Sul, não restou alternativa além da guerra. Se os sulistas vencessem, seu méto-

---

4 Guerrilheiro abolicionista branco, John Brown (1800-1859) fez a luta armada contra o escravismo norte-americano. Perdeu dois filhos e foi preso durante um ataque ao arsenal do Exército em Harpers Ferry, na Vírginia, sendo executado na sequência. Seu amigo Frederick Douglass escreveu que "seu empenho na causa da minha raça era maior até que o meu". W.E.B. Du Bois escreveu uma biografia de John Brown. Malcolm X chegou a dizer que Brown era o único branco que permitiria nas fileiras da Organization of Afro-American Unity.

do reacionário de produção e a civilização retrógrada para a qual ele servia de sustentação teriam dominado os Estados Unidos. Não foi à toa que Karl Marx se referiu à Guerra Civil como o maior acontecimento daquela era. Ele não estava preocupado com a moralidade ou a imoralidade da escravidão. O que conseguiu detectar logo de início foi a grandeza da civilização que se tornaria possível nos Estados Unidos com a vitória do Norte. Portanto, apesar de ter resultado na abolição da escravidão, a Guerra Civil não foi travada em benefício dos escravos.

Ainda assim, o escravo negro parecia ser a base do capitalismo norte-americano. A escravidão fez do algodão um rei; o algodão se tornou o alimento vital das indústrias britânicas, e construiu as fábricas da Nova Inglaterra. Isso explica não só o apoio dado ao Sul pelos conservadores britânicos, mas também até por alguns liberais. Os protagonistas do conflito não alimentavam ilusões. Lincoln disse certa vez para uma plateia em Massachusetts, falando em tom de divertimento: "Ouvi dizer que existem alguns abolicionistas aqui. Nós também temos em Illinois, e inclusive matamos um deles outro dia". Lincoln declarou abertamente que se fosse necessário para salvar a União ele libertaria todos os escravos, ou então alguns, ou então nenhum.

O que testemunhamos de fato aqui não é uma súbita conscientização da humanidade, tão exaltada por historiadores românticos e reacionários, e sim o clímax de uma transformação gradual da economia mundial. Se antes a propriedade da terra era a força dominante, a Revolução Francesa assinala o início da predominância social e política da burguesia industrial. A transformação começou com a Revolução Francesa, sendo que na Grã-Bretanha os principais marcos são a Lei da Reforma de 1832 e a Revogação da Lei dos Cereais em 1846, e chegou ao ápice com a Guerra Civil nos Estados Unidos. O processo se deu às cegas e de forma irracional. Em territórios como São Domingos e mais tarde o Brasil, onde terras novas e férteis esperavam por cultivo, a mão de obra escrava permaneceu rentável por anos[5]. Mas hoje podemos ver que, quando o capitalismo começava a romper os laços do feudalismo, a escravidão estava fadada a acabar. Os milhões de escravos deixaram de ser apenas indivíduos ignorantes, atrasados

5 Em 1501, a Coroa Espanhola autorizou a entrada de escravizados negros em São Domingos. Em 1503, Nicolás de Ovando, governador da ilha, relatou que negros fugitivos tinham se unido a rebeldes indígenas.

e improdutivos. Seu potencial de consumo como homens livres ampliava o escopo do mercado. Portanto, a revolução em São Domingos, a extinção do tráfico negreiro em 1807, a abolição dos escravos em 1833 e a emancipação durante a Guerra Civil Americana são componentes de um mesmo processo histórico. Por mais confusos, desonestos, egoístas, idealistas ou sinceros que pudessem ser, os abolicionistas foram em última análise os agentes das necessidades econômicas da nova era, que se traduziam em termos sociais, políticos e às vezes até religiosos.

Lincoln manteve sua postura durante um bom tempo. Foi a pressão da guerra que o forçou a aceitar a emancipação. O Sul estava usando os negros para construir fortificações, estradas etc. — eram uma mão de obra relevante para seus exércitos. Se antes temia que uma revolta dos escravos pudesse enfraquecer sua posição política no Norte, ele começou a entender a necessidade de no mínimo usar os antigos escravos como força de trabalho. Os refugiados se dirigiam em massa para as forças nortistas, e Lincoln tentou despachar alguns deles para a África, o Haiti e outros territórios fora dos Estados Unidos. Na época, ele vinha considerando a hipótese de um plano de abolição gradual, baseado em indenizações.

Mas os refugiados negros estavam se estabelecendo no exército como construtores, mecânicos e trabalhadores competentes. Eram esforçados e leais. A vitória sobre o Sul estava se revelando mais difícil do que o esperado a princípio, e os negros teriam que ser usados como soldados. Em 1862, o Congresso decretou que, a partir de 1º de janeiro de 1863, todos os escravos dos territórios rebeldes estariam livres. Os generais nortistas vinham pressionando Lincoln para recrutar negros, e um deles já vinha fazendo isso por iniciativa própria. O Sul formou batalhões de negros libertos que estavam lutando em suas fileiras. Assim, as objeções de Lincoln finalmente foram superadas pela força da necessidade. Antes do final de 1862, já havia quatro regimentos negros no campo de batalha e, no fim da guerra, três anos depois, 178.875 negros haviam sido alistados pelo exército do Norte. Entre eles, 75 foram nomeados oficiais, porém a maioria dos negros era comandada por homens brancos. Eles sofriam discriminação, e não eram tratados em pé de igualdade. Dois regimentos se recusaram a aceitar sua paga até que fosse equiparada à dos homens brancos, e um sargento foi julgado em corte marcial e fuzilado porque ordenou que sua companhia depusesse as armas diante da barraca do capitão como um protesto contra a discriminação. Os combatentes brancos costumavam usá-los para as tarefas mais estafantes. Esse tratamento injusto afetou o moral dos negros, que muitas vezes se tornavam arredios e insubordinados. No entanto, sua qualidade como militares nunca foi posta em questão. Eles derrotaram algumas das melhores tropas sulistas, compostas por homens que antes eram seus senhores. O cirurgião Seth Rogers afirmou que seus soldados eram os homens mais corajosos que já pisaram na terra, e o coronel T.W. Higginson declarou que "seria loucura tentar obter com os mais valentes dos soldados brancos o que foi conseguido pelos negros": os brancos não estavam lutando pela liberdade. Por mais valentes que fossem esses negros, de ingênuos eles não tinham nada. "Eles encaravam a morte com frieza e bravura; não eram precipitados e não se expunham, eram sempre firmes e obedeciam às ordens." O próprio Lincoln admitiu que, não fosse a ajuda dos negros, o Norte poderia ter perdido. Suas palavras foram mais acertadas até do que ele mesmo poderia ter imaginado. Estudiosos negros norte-americanos conduziram pesquisas que revelam que não só os soldados negros como os escravos que ficaram no Sul tiveram um papel decisivo para o resultado da guerra. Nos primeiros anos do conflito, os negros do Sul ficaram ao lado de seus senhores. Eles conheciam aqueles homens, não sabiam nada sobre o Norte e, se ambos fossem a favor da manutenção da escravidão, as diferenças entre sulistas e nortistas não tinham grande importância. Após a proclamação da emancipação, no entanto, a notícia se espalhou e teria motivado uma espécie de greve geral, uma sabotagem gigantesca que ajudou a fazer o Sul tombar. A escravidão é degradante, mas, sob o choque de grandes eventos como uma revolução, pessoas que foram escravizadas durante séculos parecem capazes de se conduzir com a coragem e disciplina de homens que foram livres por mil anos.

Os negros norte-americanos devem muito mais sua liberdade aos conflitos políticos entre o Norte e o Sul dos Estados Unidos do que os negros de São Domingos à Revolução Francesa. Eles eram apenas 4 milhões, uma minoria mesmo no Sul. Mas estavam indissoluvelmente associados ao país. O que seria deles depois?

Os negros sabiam o que queriam — a posse da terra — e se fossem fortes o bastante para consegui-la, ou então os capitalistas do Norte tivessem o bom senso de concedê-la, as possibilidades que se abririam para o negro e para o capitalismo norte-americanos seriam imensas. A revolução burguesa contra o feudalismo só se torna completa economicamente se a propriedade da terra passar para a mão do campesinato. Foi assim na França em 1789, e na Rússia em 1917. Os camponeses hoje estão politizados como nunca antes.

Os negros tentaram assumir a posse da terra. Foram à luta com uma confiança instintiva de que a conquistariam, tanto que boa parte da apatia e do descontentamento observado em certas regiões após a Guerra Civil pode ser atribuída ao fato de que eles não obtiveram o que esperavam. Em certas áreas, eles de fato se apropriaram da terra e se recusaram a abrir mão dela. Os soldados e milicianos negros tinham treinamento marcial, eles e seus aliados contavam com grandes quantidades de armamentos e, no final de 1865, o Sul conviveu com o medo de uma insurreição dos ex-escravos. Foi feita inclusive uma proposta para a devolução das propriedades confiscadas em troca de um lote de 16 hectares para cada liberto. O restante seria vendido para saldar a dívida nacional, e cada família receberia 50 dólares para se estabelecer.

Por mais revolucionárias que fossem essas propostas, elas não afetariam em nada a vida de nove décimos da população do Sul. Mas o Congresso, embora não perdesse tempo em expropriar os agricultores do Oeste e até mesmo do Sul em benefício das companhias ferroviárias e das mineradoras, não quis mexer nas propriedades dos sulistas em benefício dos negros. Isso teria significado a criação de uma massa de pequenos proprietários para os quais a organização em cooperativas e esquemas semelhantes seria relativamente simples, resultaria em uma grande expansão do "mercado" interno, e a questão do negro jamais seria o problema que é hoje nos Estados Unidos. Essa revolução poderia ter sido implementada facilmente logo após o fim da Guerra Civil. Os sulistas estavam acuados demais para resistir, e os esforços isolados dos negros só precisavam ser coordenados. Por que a oportunidade foi perdida? Em primeiro lugar, porque em uma revolução os camponeses precisam tomar a terra por iniciativa própria. Foi só com os jacobinos, em 1793, que esse confisco foi ratificado. O governo de Kerenski[6] não conseguiu ir além de uma lei fundiária complicada, e os camponeses precisaram esperar a ascensão dos bolcheviques para que a expropriação fosse incentivada e legalizada. Somente uma revolução em que os pobres

---

6 Alexander Fyodorovich Kerenski (1881-1970) foi o líder do governo burguês instalado na Rússia após a revolução de fevereiro de 1917, que derrubou o tzarismo.

são a força motora poderia ter estendido a mão para os negros e tornado uma causa relevante para seus próprios objetivos o acesso deles à terra. Não houve uma revolução nesses moldes nos Estados Unidos. O que a burguesia norte-americana fez, no entanto, é revelador da verdadeira natureza do preconceito racial do país, assim como foi no caso dos brancos de São Domingos durante a revolução negra. A guerra dividiu a burguesia do Norte entre homens comuns de um lado e do outro os banqueiros, os magnatas da mineração, da siderurgia e das ferrovias, que se associaram em grandes corporações. O capitalismo monopolista estava a caminho. Mas ainda era incipiente. Em um novo país, seu controle sobre a propaganda, os órgãos de comunicação etc. ainda não era suficiente para garantir seu controle sobre as eleições. Os pequenos capitalistas eram mais numerosos do que os grandes, e assumiriam o controle sobre o governo. Escrevendo para a revista *American Mercury* em abril de 1938, um autor sulista demonstrou que as enormes propriedades patriarcais do Sul eram uma lenda persistente, mas sem fundamento na realidade. A maioria dos empregadores de mão de obra escrava era composta de fazendeiros sulistas que produziam em uma escala não muito grande. E havia também uma pequena classe capitalista em ascensão no Sul. Uma combinação entre eles e seus equivalentes nortistas seria fatal para os monopolistas. Excluindo de forma ilegal os estados sulistas da legislatura, a grande burguesia aprovou leis que garantiam sua predominância e concediam direitos aos negros para usar os votos deles contra seus rivais no Sul. Em seguida mandaram seus agentes especiais, os chamados *carpet-baggers*[7], para posar de amigos do negro e manipular seus votos.

Portanto, o Norte não permitiu que o preconceito racial atrapalhasse seus planos, aceitou o fato de que os negros eram necessários para ajudar a

---

7 Termo depreciativo que surgiu no Sul dos Estados Unidos, depois da Guerra Civil, para definir pessoas que vinham do Norte do país para supostamente se aproveitar do caos do pós--guerra e explorar a população local. O termo, que tem origem em malas baratas feitas com tecido grosso de tapetes, passou imediatamente a ser usado também para definir pastores, professores, intelectuais e políticos que vinham do Norte para defender no Sul as propostas progressistas, como o direito de afro-americanos votarem e serem votados. Os brancos do Sul que defendiam as mesmas ideias eram chamados de "scalawags". Ainda hoje o termo "carpetbagger" é usado, mas para definir políticos "paraquedistas", que se candidatam por cidades ou regiões onde não vivem.

manter o Sul sob controle e cooperou politicamente com eles. Aos estados do Sul foi dada a opção de governos de intervenção militar ou o sufrágio universal masculino "sem restrições de cor, raça ou condição prévia de servidão". De qualquer maneira, os sulistas estavam com as mãos atadas. Alguns dos estados aceitaram eleitores negros, outros se recusaram — entre eles Virgínia, Geórgia e Texas. Entre 1868 e 1872, certos estados foram governados por brancos e negros, sendo que muitos dos negros eram antigos escravos recém-emancipados.

A ideia de que os negros tinham poder é totalmente falsa. Apenas 23 negros foram eleitos para o Congresso entre 1868 e 1895. Muitos negros que ocupavam cargos públicos eram analfabetos; em algumas legislaturas, mais da metade dos representantes negros mal sabia ler e escrever. Mas entre eles havia também vários homens capazes. Não existem evidências para provar que fossem mais corruptos ou gananciosos que os demais políticos. Os nortistas que assumiam esses governos sulistas e os saqueavam à vontade eram fontes poderosas de corrupção. Os negros naturalmente se aliavam aos nortistas contra os antigos escravistas. Em alguns anos, quando os estados do Sul foram devolvidos ao controle dos sulistas, em quase todos os estados os governantes brancos levaram as finanças públicas à ruína. Mas isso não foi exposto ao público. Em questão de uma geração, o capitalismo monopolista já tinha o país sob seu poder. O Norte abandonou o negro à própria sorte. O Sul lhe virou as costas. Sem terras e sem seus colaboradores nortistas por perto, ele foi empurrado de volta para uma subsistência que beirava a servidão.

Mas, apesar de sua ignorância e seu atraso inevitáveis, os poucos anos durante os quais os negros fizeram parte do governo de determinados estados sulistas assinalaram o ápice das legislações progressistas no Sul. As coisas que eles ajudaram a fazer são pouco divulgadas.

> Eles obedeceram à Constituição e anularam os títulos públicos que estados, condados e cidades emitiram para financiar a Guerra da Rebelião e manter exércitos em campo contra a União. Instituíram um sistema de educação pública em um domínio onde as escolas públicas eram desconhecidas. Abriram as urnas e as cadeiras dos júris a milhares de homens brancos a quem antes eram barradas por falta de posses materiais. Introduziram o governo pelo

povo no Sul. Aboliram o pelourinho, o ferro em brasa, o tronco e outras formas bárbaras de castigos corporais que até aquela época eram prevalentes. Reduziram os crimes capitais de vinte para dois ou três. Em uma época de extravagâncias financeiras, foram generosos com as verbas destinadas a obras públicas. Durante todo esse tempo, nenhum direito pessoal de um homem foi violado sob as formas da lei. As vidas, os lares e os negócios dos democratas estavam assegurados. Ninguém obstruiu o acesso de nenhum homem branco às urnas, nem interferiu com sua liberdade, nem o boicotou em razão de sua fé política.

Era a política de um povo pobre e atrasado buscando estabelecer uma comunidade em que todos, negros e brancos, pudessem viver em harmonia e liberdade. Isso merece ser lembrado.

4. REVOLTAS NA ÁFRICA

Por quatro séculos, os africanos na África tiveram que sofrer com as incursões dos traficantes de escravos e a perturbação que isso causou na civilização africana. Os Estados Unidos continuaram com o tráfico negreiro até o fim da Guerra Civil, mas, se em 1789 apenas São Domingos recebia 40 mil escravos por ano, entre 1808 e 1860 os estados sulistas da América do Norte receberam apenas 200 mil. Outros países da Europa e os árabes na Costa Leste do continente mantiveram o tráfico em funcionamento. As colônias formalmente estabelecidas em solo africano, no entanto, não eram muitas. Mas existiam, claro. A Colônia do Cabo e seus distritos adjacentes e as colônias na África Ocidental eram pouco mais que entrepostos comerciais. Em meados do século XIX, Disraeli[1] se referiu às colônias como mós amaldiçoadas penduradas no pescoço do povo britânico. Conforme mencionado, é improvável que mais de um décimo da África estivesse nas mãos dos europeus. Mas na década de 1880 teve início a intensa rivalidade dos imperialismos europeus por colônias como fontes de matérias-primas, como mercados e como esferas de influência. No final do século XIX, menos de um décimo da África permanecia nas mãos dos próprios africanos. Essa mudança rápida inevitavelmente produziu uma série de revoltas, que nunca cessaram.

---

[1] O conservador Benjamin Disraeli (1804-1881) foi duas vezes Primeiro-Ministro inglês na segunda metade do século XIX.

Antes de tratarmos das revoltas em si, é preciso analisar brevemente contra o que o negro está se revoltando. A colonização europeia em termos gerais tem dois tipos: o primeiro, como o da África do Sul, das duas Rodésias[2] e do Quênia, em que os europeus se instalam no local e permanecem; o segundo é como o da África Ocidental Britânica, em que o europeu é principalmente o administrador e o mercador, não cuida da colônia como se fosse sua casa e não se instala no local em grande número.

Em regiões como a União Sul-Africana, as Rodésias e o Quênia, os colonos brancos precisam forçar os nativos a abandonar seus próprios trabalhos e interesses para se tornar seus subordinados em empreitadas de mineração ou monocultura. O método que adotam para isso é taxar os africanos através de um imposto comunitário. O negro, ainda que talvez estivesse confortavelmente posicionado de acordo com suas próprias vontades e necessidades, precisa ter dinheiro para pagar esse tributo, o que o força a procurar trabalho com patrões europeus, nas condições impostas por eles. Daí os salários de 4 pence por dia no Quênia e de 15 xelins por mês nas minas de cobre da Rodésia. Os europeus também se apropriam das melhores terras e direcionam os nativos a áreas onde não só é mais difícil cultivar, como também não há terreno suficiente para garantir suas necessidades básicas. Na União Sul-Africana[3], por exemplo, cerca 2 milhões de brancos detêm 80% das terras, enquanto 6 milhões de nativos são proprietários de 10%. O restante pertence à Coroa britânica, ou seja, está à disposição do governo dos brancos. Obviamente, esse estado de coisas só pode ser mantido através de um regime social e político baseado no terror.

Os nativos são obrigados a andar com passes, que devem ser mostrados sempre que solicitado; um passe para poderem sair de casa depois das nove horas, um passe mostrando que seus impostos estão em dia, um passe concedido pelo empregador, impressões digitais para identificação — na União Sul-Africana, existem dezenas de passes de um ou outro tipo que o negro precisa portar. Um negro que tenha profissão recebe um passe de isenção, que o exime da necessidade de apresentar todos os demais. Contudo, qualquer policial tem o

---

2 Em 1888, a British South Africa Company tomou essa região no sul da África e a batizou com o nome de Rodésia, em homenagem ao dono da empresa, Cecil Rhodes. Em 1911, o país foi dividido em dois: Rodésia do Norte (atual Zâmbia) e Rodésia do Sul (atual Zimbábue).

3 Atual África do Sul.

direito de pedir que ele mostre seu passe de isenção, e de prendê-lo no ato caso não seja apresentado. Os negros, seja qual for seu status ou sua aparência, são proibidos de frequentar todos os locais públicos de comércio e entretenimento frequentados pelos brancos. Em lugares como agência de correios, existem dois balcões: um para os brancos, outro para os negros.

O que o nativo ganha em troca? Depois de quatrocentos anos de ocupação europeia, não existem sequer meia dúzia de médicos negros na África do Sul. Mais de três quartos da população local não têm qualquer acesso à educação. O ensino oferecido é assumidamente avaliado como de péssima qualidade pelo governo. Longe de obter um progresso gradual, ainda que lento, os nativos do Cabo foram recentemente destituídos de seus direitos, que se tornaram uma relíquia de tempos mais liberais. Eles foram proibidos por lei de se tornar até mesmo operários qualificados, em uma das peças de legislação mais tirânicas e desmoralizantes a ser implementada em qualquer país do mundo nos últimos cem anos.

Nas minas, seus salários correspondem a um oitavo do pagamento de um mineiro branco. Em territórios de ocupação antiga como União Sul-Africana, ou em regiões de colonização mais recente como Rodésia ou Quênia, o método é exatamente o mesmo, com pequenas variações locais. Enquanto os políticos britânicos falam em tutela, os sul-africanos brancos que ocupam posições de poder na Rodésia e no Quênia afirmam com frequência e de forma inequívoca que a África deve ser governada em benefício dos brancos e que os negros precisam se resignar a entender seu papel e aceitá-lo.

Na África Ocidental, a situação é um pouco diferente. Em vastas regiões, os negros tiveram garantida por lei a posse da terra, em uma época em que parecia improvável que os europeus algum dia fossem precisar dela. O capital europeu, claro, continua dominante. Mas a discriminação racial não é tão aguda como no Sul e no Leste da África, e o conflito entre os negros e seus governantes é mais estritamente econômico e político do que no Cabo ou no Quênia.

A África Equatorial Francesa e o Congo Belga são duas regiões até certo ponto diferentes das descritas até aqui. Em uma colônia francesa, um negro pode através da educação ou do serviço militar se tornar um cidadão francês e assim obter todos os privilégios relativos a esse status, além de ser governado pelas mesmas leis que se aplicam aos brancos. Ele pode ser tornar um alto funcionário do governo, ou um general do exército francês. Durante a Grande Guerra, o chefe do Estado-Maior de Petain em Verdun era um negro. O comandante Avenol[4], que ficou encarregado da defesa aérea de Paris entre 1914 e 1918, com 10 mil homens sob seu comando, inclusive aviadores britânicos e norte-americanos, era um negro da Martinica. Atualmente, o governador de Guadalupe é um negro. Esses homens, é verdade, são das antigas colônias das Índias Ocidentais. Mas existem africanos nas forças armadas, e pode-se admitir que os mecanismos de promoção sejam acessíveis a eles praticamente nos mesmos termos que aos brancos. Houve africanos, deputados da Câmaras, que se tornaram ministros de Estado. Depois da guerra, a França emitiu uma advertência severa aos norte-americanos instalados em Paris que tentaram introduzir o preconceito racial vigente nos Estados Unidos, e é digno de nota o fato de que esses homens que em seu país não conseguem tolerar a presença de um negro aprenderam a aceitar a presença dele e de suas amigas brancas em um bar para norte-americanos em Paris: Briand[5] avisou que mandaria fechar o estabelecimento em caso contrário. Essa é uma característica elogiável da civilização francesa, que depõe contra muitas ilusões sistematicamente cultivadas nos Estados Unidos e na Grã-Bretanha sobre a incapacidade e incompatibilidade racial do negro. Mas imperialismo é sempre imperialismo. Durante os últimos vinte anos[6], a população do Congo francês diminuiu em mais de 6 milhões de pessoas, e os franceses têm na África um histórico semelhante ao de qualquer outra nação imperialista.

No Congo Belga, o negro dispõe de alguns privilégios — por exemplo, tem permissão para ocupar cargos importantes em ferrovias, o que é proibido na África do Sul. É por isso que os negros só podem conduzir os trens até

---

4 Não sabemos (e nem temos conhecimento de qualquer edição deste livro em qualquer língua que questione isso) porque James trocou o nome e origem do guadalupense Sosthène Héliodore Camille Mortenol (1859-1930), um militar negro que, de fato, comandou a defesa antiaérea de Paris durante a Primeira Guerra Mundial. Ainda que não fosse uma grande celebridade na grande mídia, não era um personagem desconhecido no momento em que James escreveu este livro. Mortenol consta no *World's Greatest Men of African Descent*, que o historiador e jornalista jamaicano Joel Augustus Rogers publicou em 1931. De uma família humilde de Guadalupe, Mortenol ascendeu socialmente graças a bolsas de estudo. Foi um estudante brilhante da célebre École Polytechnique, a mais tradicional escola de engenharia da França, e também um militar que recebeu várias medalhas. Foi feito inclusive comandante da Legião de Honra. Infelizmente, parte dessas medalhas foram recebidas por serviços prestados na guerra suja colonialista em Madagascar e no Extremo Oriente.

5 Aristide Briand (1862-1932) foi primeiro-ministro da França onze vezes nos anos 1910 e 1920.

6 Importante lembrar que este livro foi publicado originalmente em 1938.

a fronteira das colônias belgas, onde os sul-africanos assumem o posto para seguir viagem. Mas a postura dos belgas é menos liberal que a dos franceses. Nenhum africano que tenha passado mais de seis meses no exterior tem permissão para voltar ao Congo, e a severidade das leis de trabalhos forçados é tamanha que, quando a companhia proprietária das usinas e lavouras de cana-açúcar de Moabeke[7] construiu uma ferrovia, quase toda a população masculina do distrito morreu de exaustão durante as obras. Essa situação não é de forma nenhuma excepcional. Franceses e belgas têm uma reputação terrível no Congo por sua crueldade extrema. Como na época da escravidão nas colônias das Índias Ocidentais, as nações colonizadoras europeias afirmam sua superioridade em relação às outras. Mas um africano na Eritreia não está muito pior sob o regime fascista italiano do que um africano no Congo governado pela democrática Bélgica, ou do que um mineiro de cobre na Rodésia.

AS COLÔNIAS ANTIGAS

Vamos começar tratando das revoltas em uma das colônias mais antigas da África Ocidental, Serra Leoa. Os negros da região de fato colonizada estão entre os mais avançados em termos de educação, e devem ser comparados com os das Índias Ocidentais, e não com os da África Central ou Oriental. Freetown, a capital do país, por exemplo, tinha um governo autônomo até poucos anos atrás. O interior do país, no entanto, é um protetorado onde os africanos menos desenvolvidos são submetidos a um modelo de administração indireta.

No final do século XIX, havia duas comunidades negras: uma com imprensa, advogados, médicos e outros setores da *intelligentsia*; e do outro lado os nativos do interior — a nova e a antiga África. Essas duas comunidades eram divididas. Os que descendiam de várias gerações de

---

7 C.L.R. James provavelmente pegou esta informação de um artigo escrito pelo "camarada Lukuta te, um trabalhador nativo de Elizabethville", para a edição de julho de 1932 do *The Negro Worker*, editado por George Padmore. É provável que a localidade chamada Moabeke tenha tomado outro nome. Ou é possível que tenha havido um erro na escrita do nome de tal localidade no artigo do *The Negro Worker*. Seja como for, hoje não consta uma Moabeke na República do Congo.

educação britânica tinham uma visão similar à da maioria dos negros das Índias Ocidentais: consideravam as tribos africanas bárbaras e incivilizadas. As tribos africanas, por sua vez, viam os negros europeizados como negros brancos. Em 1898, eclodiu uma revolta no protetorado. Os nativos se ressentiam de ter que pagar o imposto comunitário, e os Mendi, uma famosa tribo guerreira, tinham uma queixa em especial: eram contrários aos castigos corporais, tanto que se recusavam a enviar seus filhos a escolas confessionais em que os missionários às vezes aplicavam surras nas crianças. As tribos aniquilaram totalmente alguns batalhões de negros das Índias Ocidentais que foram enviados para combatê-las e, segundo afirmam os negros que estavam em Serra Leoa na época, houve batalhões brancos que também foram destruídos por completo. Os maiores massacres de soldados do governo ocorreram em Sherbro e Mofeno. A revolta foi liquidada, claro, e centenas de nativos foram mortos. Os insurgentes mataram não só soldados brancos e negros e todos os missionários em que conseguiram pôr as mãos, mas também alguns negros europeizados, que viam como um grupo explorador e arrogante. A Grande Guerra, no entanto, marcou o início de uma mudança.

O conflito entre capital e força de trabalho é intensificado pelo fato de que o capital costuma ser branco e a força de trabalho é negra; trata-se de um continente em que os brancos sempre buscaram justificar a exploração econômica e os privilégios sociais que impõem pelo simples fato da diferença de cor. O conflito de classes, que já é amargo em países onde a população é homogênea em termos de cor, tem uma amargura adicional na África, que se fortaleceu com o crescimento do nacionalismo da *intelligentsia* no pós-guerra. A minoria com consciência política percebe cada vez mais que seu futuro está com os africanos em desenvolvimento, e não com os mercadores europeus. Além disso, eles são africanos que vivem na África — não descendentes de africanos, como nas Índias Ocidentais. A consequência disso é uma solidariedade cada vez maior entre os negros, em especial entre os trabalhadores nas colônias e os africanos mais negligenciados dos protetorados. Os políticos negros das colônias associaram as atribulações de 1898 à propaganda branca que visava criar divisões entre potenciais aliados, que têm em comum o fato de serem negros em um continente em que sua cor de pele é inferiorizada. É sob essa luz que devemos analisar os acontecimentos mais recentes em Serra Leoa e Gâmbia.

Em 1919, houve uma greve nas ferrovias em Serra Leoa. Os ferroviários tentaram atrair a adesão de outros trabalhadores, e conseguiram fazer com que 2 mil policiais se juntassem a eles na luta por melhores salários. Em 1926, a categoria entrou em greve de novo, e mais uma vez os ferroviários tentaram uma greve geral com apoio da polícia. Os grevistas mostraram um espírito de luta extraordinário. Removeram os trilhos do trem da administração da ferrovia. Atacaram a composição com pedaços de pau. Arrancaram ou afrouxaram os trilhos nas curvas e nas ladeiras e cortaram fios para impedir a comunicação por telégrafo com o protetorado. "Foi uma revolta contra o Estado por seus servidores", nas palavras do governador. O conselho municipal de Freetown apoiou a greve, e a cobertura da imprensa nativa chegou a falar em rebelião, o que levou o governador da colônia a dissolver o governo autônomo da cidade. Ficou evidente aqui uma divisão acentuada entre os trabalhadores braçais africanos e os empregados do setor industrial, que em sua maioria são brancos.

Em Gâmbia, uma colônia habitualmente associada a Serra Leoa, os trabalhadores marítimos são organizados, e em 1929 uma greve de marinheiros durou quarenta dias e então se tornou uma greve geral. Ao mesmo tempo, os agricultores, insatisfeitos com os baixos preços que recebiam por seus produtos, conduziram um esforço incansável de agitação. Tiros foram disparados contra o povo, e quase cinquenta pessoas ficaram feridas. Depois de três semanas de greve geral, o secretário colonial escreveu uma carta à União solicitando a arbitragem do conflito. Não foi uma revolta, mas esse episódio é uma amostra da capacidade de ação organizada que se desenvolveu nessas colônias mais antigas, ao passo que uma agitação ocorrida em Serra Leoa em fevereiro de 1931 é um exemplo de uma revolta infinitamente mais perigosa do que qualquer outra já ocorrida até então. Centenas de negros do protetorado, liderados por um batalhão de cinquenta homens armados, invadiram o distrito de Kambia. O líder era Hahilara, um muçulmano que converteu centenas de nativos ao islamismo e os uniu na luta contra o imperialismo. Hahilara exortava os camponeses a se recusarem a pagar impostos e a expulsar os funcionários britânicos. Exigia que todas as terras da Coroa no protetorado fossem confiscadas e divididas entre os camponeses sem-terra. Foi uma revolução social. A agitação de Hahilara teve um amplo apoio. O governo tentou prendê-lo, mas os negros ameaçaram matar todos os europeus que entrassem em seu território. Soldados do governo acabaram invadindo o território mesmo assim, e Hahilara foi derrotado e morto. Mas o capitão H.J. Holmes, o oficial que comandava as tropas britânicas, também morreu nessa ação. Centenas de cabanas dos nativos foram incendiadas, e o levante foi reprimido.

O fato mais significativo da revolta, porém, talvez tenha sido a postura da imprensa negra na colônia, que deu voz às reivindicações dos insurgentes do protetorado. A simpatia dos intelectuais de Serra Leoa pelos nativos se consolidou, e os trabalhadores locais estavam firmes ao lado dos negros das tribos do interior. Caso surja um movimento dos negros organizados e com boa formação educacional da colônia em associação com uma revolta amplamente disseminada no protetorado, seria difícil impedir que os negros de Serra Leoa e Gâmbia assumissem a posse da colônia, mas, se eles seriam capazes ou não de mantê-la, isso dependeria de acontecimentos em outras esferas mais amplas.

Na Nigéria, uma colônia de estrutura similar à de Serra Leoa e Gâmbia, a crise que começou em 1929 levou a uma incomum revolta feminina, em que muitas mulheres foram feridas e mais de cinquenta acabaram mortas. A queda nos preços dos produtos agrícolas deixou as finanças das colônias em dificuldades, e o governo tentou recuperar suas receitas em queda com um aumento dos impostos. A administração indireta funciona em boa parte através dos chefes locais, que em grande medida são meros instrumentos do governo britânico. Os chefes foram instruídos a decretar um imposto sobre as atividades das mulheres, o que fez com que o descontentamento latente viesse à tona. Milhares de mulheres organizaram protestos contra o governo e seus chefes locais e, em Aba, a capital da Província do Leste, as vendedoras que ofereciam seus produtos nas feiras, diante da possibilidade de um imposto que acabaria com seus parcos rendimentos, organizaram uma revolta. Este autor foi informado por africanos da Nigéria que os verdadeiros acontecimentos em Aba foram suprimidos de todos os relatórios oficiais. As mulheres invadiram prédios públicos e mantiveram a ocupação por vários dias. As criadas se recusaram a cozinhar para os patrões brancos, e algumas tentaram levar mulheres europeias à força até as feiras para que entendessem como eram suas condições de trabalho. As patroas foram obrigadas a fugir, algumas com apenas as roupas do corpo. Um destacamento de soldados reprimiu a revolta, atirando nas mulheres negras que tentavam escapar pelo rio. A lei marcial foi proclamada, e o governador convocou uma reunião com os editores de jornais em Lagos e ameaçou prendê-los caso publicassem notícias sobre o ocorrido em Aba. É por isso que as evidências escritas se limitam aos relatórios oficiais. Um comitê local de investigação foi formado, e produziu um relatório aprovado pelo Conselho Legislativo. O sr. Drummond Shiels, subsecretário do Trabalho para as Colônias, em resposta a um questionamento na Câmara dos Comuns, respondeu que "o Gabinete Colonial ficou satisfeito com a ação das autoridades no local, que agiram de acordo com os melhores interesses do país". No entanto, a publicação do relatório foi a deixa para uma agitação em larga escala na colônia. Houve manifestações em massa contra seu conteúdo. Os trabalhadores ameaçaram se recusar a pagar os impostos, exigiram a formação de uma nova comissão administrativa e a reavaliação de suas reinvindicações econômicas e políticas. O governo foi forçado a nomear uma nova comissão. Os negros ameaçaram boicotá-la a não ser que africanos também fossem nomeados, o que levou o governo a aceitar dois deles. Essa comissão acolheu as reivindicações econômicas e sugeriu reformas. O governador, no entanto, impôs uma multa de 850 libras esterlinas à administração da cidade de Aba. O ressentimento que isso causou foi tamanho que os políticos locais fizeram um apelo para que a multa fosse retirada pelo governador, que mais uma vez foi obrigado a ceder.

A força e o vigor do movimento deixaram os europeus em choque. Sir Frank Baddeley, o secretário colonial da Nigéria, achava que a revolta era obra de agentes de Moscou. O correspondente do *Times*, no entanto, apresentou uma hipótese mais sóbria:

> O problema foi de uma natureza e uma amplitude sem precedentes na Nigéria. Em um país onde ao longo dos séculos as mulheres se mantiveram submissas aos homens, acabou surgindo um movimento feminino, organizado, desenvolvido e conduzido por mulheres, sem a ajuda ou o incentivo de seus homens, embora provavelmente contando com sua simpatia tácita.

REVOLTAS RELIGIOSAS NAS NOVAS COLÔNIAS

Os levantes em Serra Leoa e Gâmbia têm um caráter dual. Se por um lado os negros dos protetorados são levados à ação em termos de revolução social, os habitantes das cidades, como a maioria dos trabalhadores da Europa e dos Estados Unidos, têm em mente reivindicações mais imediatas, por mais violentos que possam ser seus métodos. Os sindicatos, os governos municipais e a imprensa africana conferem ao movimento sua força de organização, mas necessariamente o tornam mais conservador.

Na África Oriental e Central, territórios mais primitivos, tivemos ao longo dos últimos trinta anos uma série de levantes de um tipo bem diferente. Nos anos anteriores à Grande Guerra, as tribos simplesmente se lançavam contra as tropas do governo e eram inevitavelmente derrotadas. Em 1915, porém, surgiu uma novidade — um levante liderado não por um chefe tribal, mas por um negro com uma certa formação educacional. No caso dos africanos, essa educação é quase sempre confessional, de modo que o líder com frequência traduz sua insurreição em termos religiosos.

O levante de Chilembwe, ocorrido em Niassalândia em 1915, teve esse caráter. Os primeiros europeus a chegar a Niassalândia foram missionários enviados pela Igreja da Escócia. Logo depois, vários deles abandonaram a missão para ficar na terra que compraram dos chefes nativos. Eles se estabeleceram como produtores de café e converteram os nativos em cristãos e mão de obra barata. Em 1915, essas propriedades foram repassadas para a mão de um grupo de empresários cujo único objetivo era extrair o máximo de lucro possível. Dentro desses latifúndios que ocupavam uma área de quase 800 mil metros quadrados e empregavam dezenas de milhares de negros, as companhias não permitiam que houvesse escolas, nem hospitais, nem missões religiosas.

Um negro chamado John Chilembwe foi mandado para os Estados Unidos por uma pequena missão religiosa das proximidades. Depois de receber uma boa educação, ele voltou à sua terra natal. Como não encontrou uma posição em nenhuma missão religiosa, construiu sua própria igreja com o dinheiro que arrecadou com os negros locais. A maioria dos brancos na África odeia africanos que têm formação educacional e usam roupas europeias. A maneira como foi tratado pelos latifundiários e missionários brancos e suas leituras da Bíblia, em especial da luta da nação hebraica no Antigo Testamento, inspiraram Chilembwe a liderar uma revolta contra os opressores europeus ("os filisteus").

O apoio à revolta vinha principalmente dos trabalhadores do latifúndio e, de acordo com o planejado, cinco administradores europeus da propriedade foram mortos. Suas esposas e seus filhos, porém, foram tratados com toda a gentileza. Os negros gastaram dinheiro de seu próprio bolso para comprar ovos e leite para as crianças brancas, e usavam folhas de bananeira para proteger suas cabeças do sol durante sua retirada da fazenda.

Os europeus, temendo pela própria vida, fugiram para as guarnições militares. Mas Chilembwe não chegou muito longe. Logo após um sermão em sua igreja, com a cabeça do administrador da propriedade em cima do púlpito, policiais e soldados brancos apareceram. Os rebeldes fugiram para a selva, mas foram implacavelmente caçados. Entre os capturados vivos, cerca de vinte foram enforcados, e os demais condenados a penas de prisão perpétua. Chilembwe, por sua vez, um homem idoso e quase cego, foi morto a tiros no meio do mato junto com os demais líderes.

Seis anos depois, em 1921, a maior entre todas as revoltas de cunho religioso ocorreu no Congo Belga, e abalou a colônia inteira. Seu líder era Simon Kimbangu, um carpinteiro convertido ao cristianismo. No primeiro semestre de 1921, ele teve um sonho no qual recebeu a instrução para sair a campo e curar os doentes. A influência de Kimbangu não demorou a ganhar força entre os nativos convertidos ao cristianismo. Ele exortou os negros a abandonar as missões religiosas oficiais, controladas pelos patrões europeus, e estabelecer uma igreja independente sob sua liderança. Para qualquer africano, um movimento como esse é um passo instintivo na direção da independência e um afastamento do controle perpétuo dos europeus. Os negros aderiram em massa a Kimbangu, em sua maior parte vindos de missões religiosas protestantes, mas alguns de missões católicas também. Eles se diziam cansados de dar dinheiro para igrejas europeias.

O governo a princípio observou o movimento com inquietação, mas também tolerância. No entanto, a política do Profeta logo se revelou prejudicial aos interesses dos europeus em suas implicações. Os nativos deixavam as fazendas para irem ouvir o Profeta, da mesma forma que, um século antes, os escravos negros das Índias Ocidentais usavam a religião e os encontros religiosos como pretextos convenientes para abandonar seus postos de trabalho a qualquer tempo e sem permissão. Os seguidores de Kimbangu se tornaram tão numerosos que desorganizaram o processo produtivo. Os grandes latifúndios, de que o governo dependia para produzir alimento para os nativos empregados em obras públicas, ficavam às moscas. Havia a preocupação de que os nativos poderiam tentar tomar a ferrovia do baixo Congo, que era indispensável para a colônia. A definição da quarta-feira, em vez do domingo, como dia de descanso criou perturbações ainda maiores. Para piorar, como costuma acontecer em todos os movimentos religiosos, "profetas" menores iam surgindo no rastro do mestre, todos professando milagres e se revelando ainda mais extremistas que o Profeta original. Suas pregações iam se tornando cada vez mais antieuropeias. Nativos endinheirados de Kinshasa forneciam ao movimento o apoio financeiro e ideológico necessário. Estudantes nativos das colônias britânicas e francesas se juntaram ao movimento e disseminaram doutrinas radicais entre suas fileiras. O movimento se tornou tão ameaçador que em junho de 1921 o governo belga ordenou a prisão de Kimbangu.

Como um verdadeiro profeta, Kimbangu conseguiu escapar, o que só serviu para fortalecer ainda mais seu prestígio com as massas. Ele estava instalado em uma aldeia e era visitado por milhares de seguidores, mas conseguiu ficar livre até setembro, em uma prova notável de sua influência e da força e solidariedade de sua organização.

Kimbangu acabou submetido ao julgamento de uma corte marcial em outubro. Foi determinado que sua organização visava derrubar o regime belga, e que a religião era apenas um meio utilizado para incitar a população. Ele foi condenado à morte, seus auxiliares, a penas de prisão que variavam de um ano a sentenças perpétuas, e uma moça, Mandobe, considerada a mulher mais revolucionária do Congo, recebeu uma pena de dois anos. Os negros reagiram com grande violência. As greves começaram a espocar por toda parte, a ponto de os comerciantes europeus de Thysville tomarem a iniciativa de fazer uma petição ao rei para que Kimbangu fosse enforcado publicamente. Os africanos ameaçavam que, caso Kimbangu fosse executado, haveria um massacre generalizado dos brancos, e o governo da metrópole reduziu sua sentença para uma pena de prisão perpétua e deportou diversos líderes de menor influência. O movimento foi reprimido, mas os nativos continuam a esperar o reaparecimento de seu "Messias", e com isso a expulsão dos europeus de seu país.

É pertinente tratarmos aqui também da revolta dos africanos no Quênia sob a liderança de Harry Thuku. Descrito nos registros oficiais como um homem simples, Harry Thuku era bem jovem, tinha vinte e poucos anos. Era uma espécie de escriturário de pouca monta e, portanto, contava com pouca educação formal, mas não conduzia sua agitação em nome de Deus[8]. Ele protestava contra os altos impostos, os trabalhos forçados e outras queixas do tipo. Sua propaganda chegou até mesmo às menores aldeias, e a situação nas colônias africanas é tal que qualquer liderança que mostre alguma força ganha adesão imediata. O movimento de Thuku se espalhou com grande rapidez. Estima-se que em um encontro em Nairóbi mais de 20 mil trabalhadores tenham comparecido.

Um movimento como essa era perigoso demais para ser tolerado, e o governador ordenou a mobilização do regimento nativo, os Fuzis Africanos do Rei, para suprimi-lo.

Além da força, o governo se valeu também de meios mais astuciosos, convencendo os chefes locais a assinar uma proclamação de apelo às massas para que voltassem ao trabalho e reivindicando a redução dos impostos e o aumento dos salários. Isso provocou uma fissura no movimento de Thuku. Os menos combativos acreditaram nas promessas, o movimento perdeu força e Thuku foi preso. Sua prisão voltou a unificar as massas em uma ameaça de greve geral. As multidões cercaram a cadeia onde Thuku estava sendo mantido para exigir sua soltura. Os soldados receberam ordem para abrir fogo, e mais de 150 pessoas morreram. Mas os negros não se deixaram intimidar. O governo soltou um boato de que Thuku seria transferido para outra prisão. Isso serviu para colocar a multidão na trilha errada enquanto Thuku era mandado para um local mais remoto e seguro. Centenas de pessoas acabaram presas e foram aplicadas multas pesadas, que, considerando os baixos salários praticados na colônia, só poderiam ser liquidadas após meses de trabalho pesado e não remunerado. Todas as formas de associação foram declaradas ilegais, e Thuku foi mandado sem julgamento para Kismayo, na fronteira somali.

---

8 Na verdade, Harry Thuku (1895-1970) teve relativamente uma boa educação e era à época um raro queniano com domínio completo da língua inglesa. Tanto que arrumou emprego de tipógrafo em um jornal. Depois trabalhou no governo, como operador de telégrafo.

CONGO

O movimento de Kimbangu aconteceu em 1921. Os belgas, porém, temiam que a agitação se repetisse de uma forma mais extremada. E não estavam errados. Na verdade, as próprias condições de vida no Congo pareceram produzir um tipo especialmente amargo e consciente de revolta sem nenhum viés religioso.

A dificuldade nesse caso é obter relatos escritos em detalhes. Os britânicos enviam expedições punitivas contra tribos revoltosas, mas sem necessariamente mencioná-las em seus relatórios coloniais anuais. Mas, se a revolta desperta interesse público, uma comissão é designada para fazer a investigação e produzir um relatório, que costuma ser violentamente discrepante dos relatos de participantes, testemunhas, correspondentes de jornais, sejam nativos ou europeus, e pessoas que viviam na colônia na época em questão. Os franceses e belgas, no entanto, disponibilizam ao público pouquíssimos documentos desse tipo, e apenas de forma indireta é possível obter a confirmação oficial das enormes revoltas que vêm abalando o Congo Belga desde os tempos de Kimbangu. Até que, em meados de 1932, o sr. Vandervelde, antigo primeiro-ministro da Bélgica, falou sobre os absurdos da administração colonial e as revoltas dos nativos. Em seu discurso, afirmou que, para não cometer um erro, deixaria de lado seu procedimento habitual e parte de seu discurso seria a leitura de um texto previamente escrito. Então ele narrou em detalhes o curso de uma revolta.

Três capatazes, ao serem mandados para recrutar trabalhadores em uma aldeia negra, encontraram apenas mulheres. Avisados de sua chegada, os homens haviam fugido. Os capatazes obrigaram as mulheres a matar animais para alimentá-los e estupraram algumas delas. Alguns dias depois, um dos negros, como é costume no Congo, apareceu para pedir uma indenização. Seu pedido foi rejeitado, e ele perdeu a cabeça. Avançou sobre o branco e deu uma mordida em seu peito. Esse comportamento selvagem lhe valeu um açoitamento severo por parte de seus patrões, que o chicotearam até sangrar e depois o denunciaram às autoridades. Uma investigação teve início, mas os nativos atacaram o oficial encarregado e o trucidaram. Em seguida ocorreu a inevitável expedição punitiva para restabelecer a lei e a ordem e o prestígio abalado dos brancos. O oficial no comando descobriu que os nativos tinham fugido para o mato. O prosseguimento da expedição significaria que o destacamento permaneceria estacionado na aldeia, e que muitas crianças morreriam de fome por isso. O governador foi inflexível. "Nós precisamos de um ato de autoridade para defender o prestígio do Governo diante da população", ele telegrafou. A instrução foi obedecida. Os nativos reagiram. Eles dispunham apenas de lanças e outras armas primitivas, mas lutaram durante semanas, morrendo às centenas, segundo o depoimento do sr. Vandervelde. Já Lukutate[9], um trabalhador nativo de Elizabethville[10], em artigo para o *The Negro Worker* de julho de 1932, afirma que eles morreram aos milhares. Tribos inteiras, por desconhecer os efeitos dos armamentos modernos, atacaram os soldados praticamente de mãos vazias. Muitos morreram de fome nas matas. Alguns pereceram sob o chicote, enquanto outros foram fuzilados sem julgamento na frente de mulheres e crianças para dar o recado de que os negros jamais deveriam se rebelar contra seus patrões brancos.

O relato do sr. Vandervelde é bem parecido com o escrito pelo congolês. Os arquivos do *The Negro Worker* contêm diversas narrativas dessas revoltas, e o livro *The Life and Struggles of Negro Toilers*, de George Padmore, reúne uma grande quantidade de informações que não são fáceis de obter em outras fontes.

Em 1924, houve uma revolta no Congo francês que durou vários dias e foi reprimida pelas autoridades militares francesas. Em 1928, porém, outra revolta eclodiu, com mais consciência de classe e organização superior às demais. Essa durou quatro meses. Os nativos, apesar da inferioridade de suas armas, impuseram um grande número de derrotas às tropas francesas, capturando uma grande seção de sua infantaria. A aptidão para o combate dos revolucionários, apesar de todas as desvantagens, impressionou até mesmo seus inimigos. Os franceses fuzilaram todos os suspeitos e açoitaram idosos e mulheres em público nas aldeias como forma de intimidação. Mas em abril de 1930 os nativos se rebelaram de novo. Um revolucionário branco francês e vários nativos foram presos em Brazzaville, capital do Médio Congo, e condenados a três anos de prisão por tentarem organizar um sindicato. Os nativos, ao ficarem sabendo da sentença, entraram em greve e fizeram uma ma-

---

9 No *The Negro Worker* grafa-se Lukuta te.

10 Atual Lubumbashi, terceira maior cidade do Congo, localizada no extremo sul do país e na fronteira com a Zâmbia.

nifestação na frente do tribunal. A polícia tentou debelar o protesto, mas foi recebida a pedradas. Os militares foram chamados e abriram fogo sem aviso prévio. A luta desigual continuou até que os nativos fossem inevitavelmente derrotados. Mas eles conseguiram ferir o governador do Médio Congo, o exército precisou ocupar os bairros habitados pelos nativos em Brazzaville e a atividade comercial na cidade ficou paralisada por vários dias.

Esse movimento sem dúvida tinha tendências comunistas. O que as autoridades mais temem é uma aliança entre os trabalhadores urbanos e os camponeses do interior. Um movimento desse tipo, no entanto, ainda não aconteceu. O tamanho do território e as diferenças idiomáticas tornam uma organização desse tipo uma tarefa de imensa dificuldade. Mas as ferrovias estão interligando as diferentes regiões do Congo tanto na parte francesa como na belga, e o idioma francês está se tornando uma língua franca entre os nativos que têm a chance de estudar um pouco. Entre 1921 e 1931, a temperatura da revolta nesses territórios subiu de forma constante. E, desde a Grande Guerra, as revoltas vêm se tornando cada vez mais combativas e focadas.

E o sistema de mandato[11] também não vem fazendo nenhuma diferença significativa. Ruanda-Urundi, que fazia parte da África Oriental Alemã, hoje é um território sob mandato do governo belga. A alienação de terras — ou, mais exatamente, o confisco das terras dos nativos —, o trabalho forçado nas minas de cobre de Katanga e outras medidas desse tipo provocaram tamanha perturbação na cadeia de produção local que os campos ficaram sem cultivo e em 1929 houve uma epidemia de fome no distrito de Ruanda. Sob o flagelo da fome, os nativos se revoltaram, e o movimento se espalhou para a colônia britânica de Uganda, onde as tribos da fronteira também pegaram em armas. A filha do rei de Ruanda era uma das líderes dos revolucionários, e foi a responsável pelo primeiro ataque, em Gatsolon. Eles mataram um grupo de soldados e funcionários belgas, além de chefes locais que eram

---

11 No final da Primeira Guerra Mundial, as potências vencedoras dividiram entre si as colônias das derrotadas Alemanha e Turquia. Os negociadores do Tratado de Versalhes chegaram à piedosa conclusão de que os povos dessas colônias, livres do antigo jugo, não eram ainda "capazes de lidar com as extenuantes condições do mundo moderno" e por isso precisavam ser tutelados por "nações mais avançadas". Assim, a França ganhou, por exemplo, a Síria e o Líbano, e a Inglaterra ganhou o Iraque e a Palestina. Ruanda-Urundi (que hoje são Rwanda e Burundi) ficou para a Bélgica.

simpáticos aos brancos. Tropas belgas armadas com equipamentos modernos foram acionadas e o combate com os nativos, que dispunham apenas de lanças e lâminas, durou semanas. As massas de nativos foram obrigadas a fugir do duplo flagelo da fome e das metralhadoras. Nos lugares onde tombaram, alguns corpos, ainda com vida, foram devorados por animais selvagens. Como era de se prever, a revolta foi desmantelada. Os líderes fugiram pelos pântanos até a fronteira de Uganda, onde os britânicos os prenderam e os entregaram aos belgas. Mais de mil africanos foram fuzilados por um regimento belga, e um destacamento britânico dos Fuzis Africanos Orientais ficou estacionado em Kiforte[12], o epicentro da revolta.

A diferença entre o imperialismo belga simples e direto e o exercido através de um mandato da Liga das Nações é que o governo da Bélgica precisa apresentar um relatório em Genebra sobre o exercício de seu mandato. Os nativos, contudo, provavelmente sequer sabem disso.

A UNIÃO SUL-AFRICANA

O período do pós-guerra na África do Sul nos trouxe pelo menos dois tipos claramente distintos de atividade revolucionária negra — a revolta dos Bondelzwart e o Sindicato dos Comerciários e Industriários (ICU). A revolta dos Bondelzwart segue o espírito das primeiras rebeliões tribais, com as tribos dando com a cara contra o muro.

Os Bondelzwart são uma tribo de hotentotes[13] que habitava o extremo sul da porção sudoeste da África. Na verdade, nunca foram submetidos por completo aos europeus, e sua história é repleta de enfrentamentos contra os alemães. Depois de sua última rebelião contra o governo alemão, os líderes da tribo, Jacobus Christian e Abraham Morris, foram obrigados a deixar seu território e se instalar na Província do Cabo. Quando os alemães foram derrotados na Grande Guerra, Jacobus Christian pediu às novas autoridades permissão para voltar. Seu pedido não foi aceito. Em 1919, porém, desobe-

---

12 James aparentemente se baseia no *The Life and Struggles of Negro Toilers*, de George Padmore, publicado em 1931.
13 Hotentote é como os colonos holandeses chamavam o povo cói, sendo hoje considerado um termo bem ofensivo.

decendo à ordem do governo colonial, ele voltou a sua terra natal. Em abril de 1922, Abraham Morris, o outro líder exilado, também retornou para casa com um grupo de seguidores. Ao entrar no território, ele entregou sua arma à polícia, conforme exigido pela lei, mas o magistrado local não ficou satisfeito com isso, por considerá-lo uma figura perigosa, e mandou prendê-lo, além de cinco de seus seguidores. Morris resistiu à prisão, e o povo ameaçou usar de violência para defendê-lo. Quando foram chamados para ajudar a polícia, os chefes locais se recusaram a colaborar, e as pessoas que trabalhavam nas fazendas vizinhas abandonaram seus postos e começaram a se reunir em Haib, onde estava Jacobus Christian.

Em 12 de maio, o major van Coller foi mandado com uma força policial para prender os "cinco criminosos". Ele mandou uma mensagem pedindo para Jacobus Christian encontrá-lo em Dreihoek. Ciente de que se tratava de uma armadilha, Christian se recusou. O descontentamento do povo então se cristalizou em torno do incidente da prisão de seu líder. Patrulhas de hotentotes armados tomaram as armas de fazendeiros europeus que viviam em locais isolados e, em uma das propriedades, segundo o administrador da fazenda, "mulheres europeias foram obrigadas a preparar e servir café para os hotentotes".

Em 16 de maio, Jacobus Christian emitiu uma declaração ao administrador local afirmando que os cinco homens iriam se apresentar imediatamente ao magistrado desde que ele recebesse uma garantia por escrito de que não se tomaria mais nenhuma medida contra seu povo. Isso o administrador se recusou a fazer, e ambos os lados se prepararam para um conflito armado. Haib, onde se reuniam os Bondelzwart, foi colocado sob lei marcial por Jacobus Christian. Barreiras armadas foram posicionadas em todas as estradas, e os passantes eram sujeitos ao escrutínio desses guardas. Quando o major van Coller, depois de não conseguir atrair Christian para Dreihoek, foi obrigado a ir encontrá-lo em Haib, ele, um major da polícia sudoeste-africana, foi parado por homens armados que lhe permitiram passar para ter com seu líder apenas após uma minuciosa revista. Em seu relatório, ele mais tarde afirmou que os Bondelzwart estavam reunidos e, "a julgar por sua disposição, estavam preparados para enfrentar uma força armada. Eles nos ouviram com atenção e sem nenhuma demonstração de hostilidade, mas sua objeção era visível quando receberam ordens para entregar suas armas e munições".

O conflito estourou em 26 de maio de 1922. As forças rebeldes eram precárias. A tribo só contava com seiscentos homens capazes de portar armas, e só dispunha de cerca de cem fuzis. Contra forças tão mal armadas, o governo sul-africano enviou 445 homens bem equipados, com peças de artilharia, metralhadoras, transporte mecanizado e dois aviões. Mesmo assim, os embates duraram quase duas semanas. Os Bondelzwart a princípio se esquivaram de grandes enfrentamentos e tentaram eludir o máximo possível as tropas do governo. Mas acabaram encurralados, e uma grande batalha foi travada nas montanhas. Apenas o uso das aeronaves, um fato novo e inesperado para os guerreiros negros, foi capaz de fazê-los se render. O número de mortos provavelmente nunca será conhecido. Foi essencialmente uma revolta tribal nos moldes do pré-guerra, mas a resistência cresceu até chegar ao ponto de uma determinação serena de lutar até a morte em vez de ceder, o que a torna uma das rebeliões africanas mais relevantes já ocorridas.

A revolta dos Bondelzwart foi um anacronismo em 1922. A essa altura, a União Sul-Africana já se caracterizava por um novo tipo de ação política — não a revolta instintiva de tribos primitivas, mas a militância do proletariado urbano. Muito mais do que em Serra Leoa e em Gâmbia, a indústria sul-africana uniu os nativos no ambiente das fábricas, minas e docas, e as circunstâncias do emprego de sua mão de obra os levou à organização trabalhista nos moldes modernos. A Revolução Russa também exerceu sua influência nesse caso. O Partido Comunista Sul-Africano foi fundado em 1924, mas teve origem em uma organização cuja existência remonta a 1920, e dirigiu seus esforços de propaganda principalmente aos nativos. Mas, enquanto em Serra Leoa e Gâmbia a *intelligentsia* negra de esquerda até aqui se mostrou mais inclinada à teoria do que à prática, o sistema sul-africano permite a existência de pouquíssimos agitadores que se limitam ao discurso, e mesmo esses acabam sendo empurrados para a ação direta. Foi no contexto do pós-guerra e da crise econômica e política de 1919 que surgiu o Sindicato dos Comerciários e Industriários da África do Sul (ICU).

A organização foi formada em 1919 por um nativo de Niassalândia, Clements Kadalie, contando com apenas 24 membros. Sem ajuda financeira, experiência prévia nem incentivo, sofrendo perseguições e prisões, eles construíram um movimento que amadureceu através de greves, manifestações e enfrentamentos com a política, sob os olhares apreensivos da África do Sul branca. Por ter nascido em Niassalândia, Kadalie poderia ter sido facilmente deportado, mas de alguma forma escapou desse destino e pôde levar adiante seu movimento.

A primeira demonstração real de força do ICU foi a greve de Porto Elizabeth em 1920. Os trabalhadores locais, em sua grande maioria uma mão de obra não qualificada, tinham exigido e conseguido um aumento de 6 pence por dia. Em fevereiro de 1920, uma filial do ICU foi formada em Porto Elizabeth. Isso levou a mais um pedido de aumento de seis 6 pence por dia e, como consequência da agitação revigorada, os trabalhadores conseguiram. Mas eles não se deram por satisfeitos e, aconselhados por Kadalie, o presidente do sindicato, reivindicaram um salário mínimo de 10 xelins por dia para trabalhadores não qualificados do sexo masculino e 7 xelins e 6 pence para mulheres adultas. O ICU realizava reuniões por todo o distrito, nas quais os trabalhadores eram exortados a insistir em suas reivindicações até chegar à greve, se fosse necessário. A agitação promovida pelo sindicato fez um temendo efeito. Os ânimos estavam em alta, e a influência de Kadalie só crescia. Em uma reunião, os trabalhadores ficaram tão exaltados que alguns acabaram agredindo fisicamente o dr. Rubusama, também negro, que era um conhecido opositor de Kadalie. O dr. Rubusama só foi salvo graças à intervenção de Kadalie, que ao vê-lo em perigo foi imediatamente em seu socorro.

Enquanto isso, a polícia só esperava por um pretexto para prender Kadalie, e o ataque ao dr. Rubusama serviu para esse propósito. Rubusama prestou queixa das agressões, e Kadalie foi preso em 23 de outubro de 1920, mesmo sem um mandado judicial.

Quando a notícia da prisão veio a público, os trabalhadores se reuniram na praça mais próxima. Uma assembleia foi realizada, e uma delegação foi enviada até a polícia para pedir a soltura de Kadalie sob fiança. O chefe da polícia não aceitou. Quando a delegação voltou com a notícia, a assembleia resolveu dar um ultimato: se Kaladie não fosse solto até as cinco horas, eles mesmos o libertariam. Os nativos sul-africanos não estavam só desafiando seus patrões brancos, mas também o próprio aparato do Estado.

A força policial inteira foi armada para o confronto. Os policiais ferroviários foram convocados. Além disso, voluntários europeus receberam armas e se posicionaram diante da delegacia de polícia onde Kadalie estava detido. Às cinco horas, a manifestação já somava 3 mil participantes.

A polícia montada recebeu ordens para atacar, mas os homens acabaram derrubados dos cavalos. Foi feita uma tentativa de dispersar a multidão com jatos d'água. Mas as massas reagiram com pedras e outros projéteis. Nesse momento, dois tiros foram disparados, e os manifestantes começaram a recuar. Foi quando, em meio à fuga da multidão, a polícia abriu fogo. Como afirmou a comissão oficial de investigação:

> Ficou estabelecido sem sombra de dúvida que, imediatamente após os primeiros tiros serem disparados, a multidão correu em todas as direções, e que uma fuzilaria intensa e contínua foi direcionada da delegacia de polícia contra os manifestantes em retirada por sessenta segundos, conforme afirmado por algumas testemunhas, ou dois minutos, de acordo com outras. Um civil admitiu ter disparado quinze tiros; outro, mais treze tiros, e os resultados foram fatais: um europeu e vinte e três nativos ou homens de cor foram mortos ou morreram em razão de ferimentos. Nativos e homens de cor feridos, foram quarenta e cinco; mulheres, uma. Europeias feridas, quatro. Total de vítimas, setenta e seis. Apenas duas vítimas foram baleadas imediatamente na frente dos degraus, as demais caíram em diferentes partes da rua, distantes da delegacia de polícia, inclusive na Castle Street, que fica a cerca de 90 metros de distância.

Obviamente, a polícia resolveu aproveitar a oportunidade para tentar debelar a organização dos trabalhadores de uma vez por todas. A consequência disso, como costuma acontecer, foi fortalecer ainda mais o movimento.

O ICU se tornou uma força tão poderosa entre os bantos e as pessoas de cor que Hertzog, o futuro primeiro-ministro da África do Sul, considerou vantajoso obter o apoio do sindicato na Província do Cabo. Ele enviou uma carta bastante cordial para Kadalie, anexando uma doação para o ICU e dizendo lamentar por não poder oferecer mais.

Imediatamente após assumir o poder, claro, Hertzog começou a perseguir o ICU com uma fúria redobrada. Mas o movimento continuou a crescer, e em 1926 chegou ao auge. Nesse ano, o número de filiados chegou a 100 mil. Havia professores abandonando a profissão para se tornar sindicalistas. Até nas aldeias mais remotas da África do Sul era possível encontrar um representante sindical. Muitos dos que não eram filiados recorriam ao ICU em momentos de dificuldade.

Seria difícil superestimar o que Kadalie e Champion, seu parceiro, conseguiram entre 1919 e 1926. Kadalie era um orador com uma voz potente e formidável, e em suas assembleias costumava levar os trabalhadores bantos a grandes picos de entusiasmo. Quando concluía seus discursos, os ouvintes muitas vezes ficavam em silêncio por alguns segundos antes de voltarem a si e começarem a aplaudir. Champion era o oposto de Kadalie em tudo. Menos esclarecido que Kadalie, que compreendia o movimento dos trabalhadores como uma força internacional, ele não enxergava muito além da Zululândia, ou Natal, e era mais um organizador do que um orador.

O verdadeiro paralelo desse movimento é com a rebelião das massas em São Domingos. É possível ver a mesma capacidade instintiva de organização, o mesmo tipo de líderes talentosos surgindo entre as massas. Mas, se por um lado em 1794 havia uma revolução minando a antiga ordem na França, necessitando da revolução negra e a incentivando com organizadores e armas, na Grã-Bretanha nada parecido estava acontecendo. A partir dessa perspectiva histórica, é possível entender a dimensão da importância do movimento de Kadalie.

Depois de 1926, o movimento começou a declinar. Não era possível manter uma mobilização tão grande por muito tempo sem realizações concretas. Era inevitável a estabilização em um patamar de menor intensidade. Kadalie não tinha a formação educacional e o conhecimento necessários para organizar uma base estável — a mais difícil das tarefas para um homem de sua origem. Havia desvios de verbas. Era preciso buscar afiliação no exterior. Mas, embora a constituição da organização condenasse o capitalismo, ele não podia se associar à Terceira Internacional. Os brancos sul-africanos rejeitaram sua ideia de unir forças — pequeno-burgueses em aparência graças a seus salários mais elevados e à degradação social do negro, eles estão entre os inimigos mais renitentes dos trabalhadores nativos. Kadalie viajou à Europa, filiou o ICU à Federação Sindical Internacional e buscou a ajuda de membros da esquerda trabalhista. Um homem branco, Ballinger, foi contratado como seu assistente. Mas o declínio do ICU continuava. A organização se dividiu. Hoje suas duas seções não passam de sombras do antigo ICU, e Kadalie é dono de um café em Porto Elizabeth, onde em outros tempos trabalhadores foram abatidos a tiros enquanto protestavam por sua libertação.

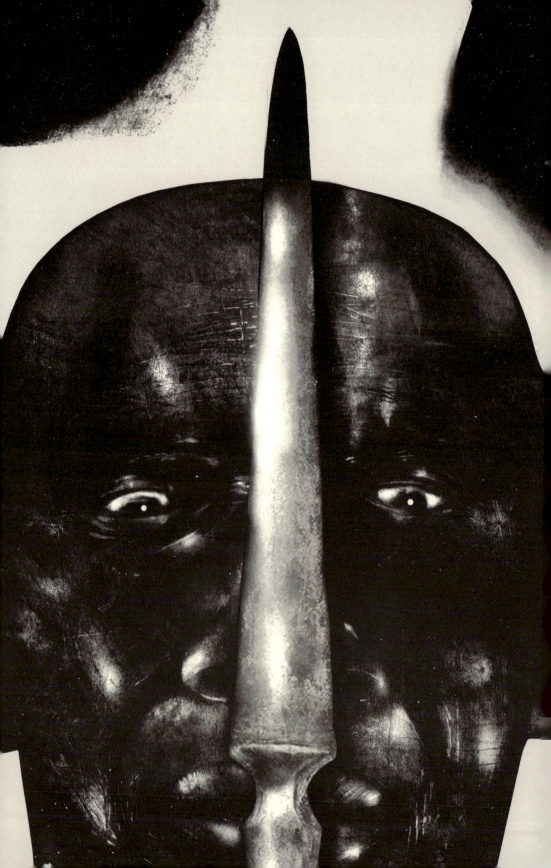

5. MARCUS GARVEY

Durante esse mesmo período, entre 1919 e 1926, em que os nativos da África do Sul se organizavam, um movimento similar ocorria entre os negros nos Estados Unidos. Uma população negra numerosa, mais alfabetizada e mais próspera , e uma melhor infraestrutura para a propaganda e a comunicação tornaram esse movimento a maior organização negra de que já se teve notícia: trata-se do Movimento Garvey.

Para entender o Movimento Garvey é preciso ter uma ideia do status do negro mesmo nos Estados Unidos de hoje. O período da "reconstrução" não durou muito, e os brancos sulistas logo reestabeleceram sua antiga dominação sob as novas bases da liberdade do negro. Em algumas regiões eles impediram os negros de votar, seja inventando exigências absurdas que consideram um negro formado em Harvard ou Yale incapaz de exercer esse direito por não ter a formação educacional apropriada, seja simplesmente colocando homens armados na frente dos locais de votação e alertando o negro sobre o que aconteceria caso tentasse se aproximar. Em estados como o Texas, o negro é obrigado a sentir sua cor a cada passo. Não pode viajar nos vagões Pullman, só pode se sentar no fundo dos bondes; em alguns lugares, só pode ter um automóvel Ford; e nas ruas a preferência de passagem é sempre dos brancos. O negro deve se conformar com o fato de que sua pele escura o torna um servo e deve assim permanecer. Periodicamente, em determinadas épocas mais de uma vez por semana, um negro é linchado por uma turba enlouquecida de cidadãos brancos. No Norte, uma região mais liberal, também existe o preconceito de raça, mas nem de longe tão agudo.

Tanto no Norte como no Sul, alguns negros se destacaram como homens de negócios, profissionais liberais, artistas, escritores, músicos. Alguns se saíram notavelmente bem, e o círculo da *intelligentsia* negra cresce a cada dia. Mas a postura prevalente em relação ao negro é de um forte preconceito, às vezes até feroz.

Antes que o negro possa lutar com inteligência contra isso, e para que alguém leigo no assunto possa apreciar os esforços que já foram feitos e suas possibilidades de sucesso, é preciso investigar mais de perto a origem desse poderoso preconceito, que inevitavelmente desperta sentimentos de afinidade entre os negros. Ao contrário da África, não se trata de civilizações diferentes. Em termos de idioma, tradição e cultura o negro norte-americano é um norte-americano. Está nos Estados Unidos quase desde o início e ajudou a tornar o país o que é. A hostilidade da parte dos brancos em relação a ele não é uma questão de repugnância fisiológica. Os numerosos mestiços e a miscigenação incessante nos Estados Unidos, assim como em um forte reduto do preconceito racial como a África do Sul, são uma prova disso. Tanto na África como nos Estados Unidos diz-se que a barreira da cor existe apenas à luz do dia. Uma mulher branca sulista é amamentada por uma ama-de-leite negra e passa a infância cercada por empregados negros. Quando cresce, aprende a montar com um cavalariço negro. Criadas negras cozinham sua comida e a servem à mesa. A jovem branca sulista, como é de conhecimento público, muitas vezes confia mais em sua velha babá negra do que em seus próprios parentes. Um chofer negro a leva à cidade. Ela entra em um restaurante, vê um negro sentado a mais de dez metros de distância fazendo sua refeição e dá um escândalo para exigir sua expulsão. Obviamente, sua repugnância não é física. Trata-se de uma questão social e política. O negro deve ser mantido em seu lugar. Essa é a principal razão para a perseguição ao negro no Sul. Como trabalhador, como arrendatário de terras, como meeiro, ele está à mercê do empregador e precisa aceitar na base do terror as condições de vida que lhe são impostas.

Quais são as justificativas geralmente usadas para explicar a postura dos brancos sulistas em relação aos negros? O sexo é a mais comum: o negro é incapaz de conter sua paixão pelas mulheres brancas. No entanto, das 130 revoltas negras ocorridas entre 1670 e 1875 nos Estados Unidos, não há nenhum caso registrado de uma mulher branca que tenha sido estuprada por escravos revoltosos. Nas Índias Ocidentais, desde a abolição da escravidão, não houve um único caso de estupro ou agressão sexual de um negro contra uma mulher branca. Embora milhares de negros tenham sido linchados nos Estados Unidos ao longo das últimas cinco décadas, as acusações de estupro compõem menos de 20% dos casos. O caso Scottsboro[1] é um exemplo flagrante e recente das bases sobre as quais essas acusações são feitas. Não é de se estranhar que isso seja assim. Com uma vasta experiência na África, Sir Harry Johnston explica como sentimentos similares foram mobilizados contra os negros africanos:

> Estou convencido de que existe uma tendência deliberada nos estados sulistas de exagerar o desejo do negro pela união sexual com as mulheres brancas e os crimes que ele pode cometer sob esse impulso. Em casos excepcionais, alguns negros na África Ocidental e do Sul, e nos Estados Unidos, são atraídos por uma consorte branca, mas quase invariavelmente por razões sinceras e puras, por alguma afinidade ou simpatia intelectual. A maior parte da raça, quando deixada livre para escolher, optaria por se associar a mulheres de seu próprio tipo. "Quando ocorreram, na história da

---

1 Em 1931, no Alabama, um grupo de jovens brancos atacou um grupo de jovens negros e perdeu a briga. Então os brancos foram à polícia acusar os negros de tê-los atacado. A polícia, é claro, foi prender os negros e encontrou com eles duas moças brancas, que para se livrarem do problema que era serem vistas com negros os acusaram de tê-las estuprado. Nove jovens negros, de 12 a 19 anos, foram indiciados. Num julgamento realizado muito rapidamente em Scottsboro, oito dos rapazes foram condenados à morte (apenas o mais jovem foi poupado). Graças ao trabalho de agitação da NAACP (National Association for the Advancement of Colored People) e, principalmente, do Partido Comunista, o caso foi levado à Suprema Corte do Alabama, que confirmou sete das sentenças. O caso foi então levado à Suprema Corte do país, que ordenou novo julgamento. Nesse novo julgamento, uma das moças brancas admitiu que havia inventado a história de estupro e que os jovens não haviam encostado um dedo nela nem na outra moça. Mesmo assim, o júri, todo branco, manteve a condenação dos rapazes. O juiz do caso suspendeu a decisão e ordenou um novo julgamento. Ele foi então substituído por outro juiz. Houve um terceiro julgamento e a condenação foi mantida. O caso foi levado novamente à Suprema Corte dos Estados Unidos, que determinou que houvesse um novo julgamento, desta vez com afro-americanos no júri. Quatro dos nove rapazes foram inocentados. Os outros cinco foram condenados, mas até meados dos anos 1940, todos já haviam sido soltos ou fugido. Clarence Norris, o mais velho dos rapazes e o único condenado à morte, conseguiu escapar e viveu escondido até ser encontrado em 1976. Foi perdoado pelo governo do Alabama. Norris, único sobrevivente dos "Scottsboro Boys", morreu em 1989. Em 2013, a Justiça do Alabama inocentou todos os rapazes.

África do Sul, no Sudoeste Africano, na África Oriental e Central, algumas grandes rebeliões negras e as esposas e filhas de funcionários do governo, missionários e colonos estiveram temporariamente à mercê de um exército negro, ou em poder de um chefe local negro, são raríssimos os casos comprovados de abusos sexuais surgidos dessas circunstâncias! São infinitamente mais raros que a prostituição de mulheres negras depois de alguma grande conquista pelos brancos ou por seus aliados pretos ou amarelos! Sei que o contrário é alegado com frequência e falsamente afirmado nos relatos históricos sobre eventos ocorridos na África; mas, quando os fatos foram realmente investigados, é nada menos que impressionante que o negro tenha ou um enorme senso racial de decência, ou tão pouco interesse pelas mulheres brancas (acredito ser a primeira hipótese, não a segunda) a ponto de não ultrajar as infelizes mulheres e meninas brancas que estão temporariamente sob seu poder. Eles podem ter estourado os miolos de bebês brancos contra uma pedra, e talvez até possivelmente matado suas mães, ou as levado junto com as moças não casadas como reféns para o harém de um chefe local (onde nenhum atentado foi cometido contra sua virtude), mas na história das diversas guerras cafres é notável como a maioria das esposas e filhas de britânicos, bôeres e alemães, depois da matança de seus parentes brancos, tenham sido mandadas sãs e salvas de volta para os territórios brancos.

Todos os negros têm noção da massa de mentiras sobre a qual o preconceito se fundamenta, do esforço de propaganda designado a esconder a realidade nua e crua da exploração econômica. Mas o negro e seus amigos brancos têm poucas chances de estancar essa propaganda. Os principais órgãos de comunicação estão nas mãos dos brancos. Os milhões que assistem aos filmes sempre veem os negros engraxando sapatos ou executando trabalhos braçais, ou então cantando e dançando. Os milhares de profissionais liberais negros, as quase duzentas universidades e faculdades negras dos Estados Unidos que concedem diplomas em todos os ramos do conhecimento e são dirigidas em sua imensa maioria por professores negros — isso o capitalista norte-americano faz questão de não retratar nas telas.

Assim, o negro norte-americano — letrado, escolarizado e norte-americano quase desde a fundação dos Estados Unidos da América — sofre com humilhações e discriminações em um nível que poucos brancos ou mesmo negros de outros lugares podem jamais conseguir entender. A alegria do negro norte-americano que se expressa no jazz é uma reação semiconsciente à tristeza que está na essência da raça. Muitas vezes, o linchamento não é fruto de uma loucura surgida de forma espontânea em uma multidão, e sim um acontecimento cuidadosamente organizado e anunciado na imprensa no dia anterior. Os brancos norte-americanos queimam negros vivos. Menos de dez anos atrás, uma turba de homens, mulheres e crianças brancas dançaram ao redor de um negro em chamas cantando *Happy Days Are Here Again*. Pouco a pouco, o negro no Sul, em especial nas cidades menores, vem lutando por condições melhores. Mas a continuidade do domínio político dos brancos permaneceu inabalada de 1650 a 1930. O negro precisa ser mantido como inferiorizado. É esse o contexto em que vive o negro norte-americano.

Durante a Grande Guerra[2], milhares de negros migraram do Sul para o Norte, onde havia trabalho, bons salários, e a discriminação racial era menos ofensiva. Soldados negros combateram na Guerra e não só sofreram preconceito de seus próprios oficiais como também, depois de terem sido bem recebidos pelos franceses, viram os brancos norte-americanos, com palavras, ações e memorandos escritos, tentarem envenenar os franceses contra eles. Os brancos norte-americanos atacavam os negros de tal forma que os franceses solicitaram que o comando desses homens fosse passado a eles. O regimento negro foi incorporado a uma divisão francesa e lutou como uma unidade do exército da França. O primeiro norte-americano a ganhar uma Croix-de-Guerre foi um negro. O regimento lutou com grande valentia e, quando a guerra terminou, o Estado-Maior francês, com um sentimento de gratidão e cortesia, concedeu a esses visitantes a honra de serem os primeiros soldados aliados a marchar sobre o território alemão. Isso não colaborou em nada para melhorar a avaliação que os negros tinham dos norte-americanos. Eles voltaram para casa amargurados e desiludidos, sabendo que tinham dado o sangue na guerra pela democracia e se depararam com as mesmas condições nada democráticas de antes.

2 O autor refere-se à Primeira Guerra Mundial.

Em agosto de 1914, Marcus Garvey, um negro jamaicano, gráfico de profissão, e sua amiga Amy Ashwood, uma jovem estudante, fundaram a Associação Universal para o Progresso do Negro (UNIA) em Kingston, na Jamaica. Os dois eram os únicos membros, e ela o nomeou presidente, e ele a nomeou secretária. Eles conduziram esforços de propaganda na Jamaica durante dois anos e, quando Garvey foi para Estados Unidos, a Meca de todos os negros das Índias Ocidentais antes da Depressão, Amy Aswood foi para Nova York para se juntar a ele em 1918. Na época, a UNIA contava com dezessete membros. Garvey se encarregava dos discursos e da agitação, e em 1919 já havia recrutado cerca de 5 mil membros para sua organização. Mas então acabou preso por difamação contra o assistente da promotoria do distrito de Nova York. Foi quando os negros de todos os Estados Unidos de repente tomaram conhecimento de sua existência. Os soldados estavam voltando para casa, trazendo na bagagem amargura e dinheiro. Houve um *boom* econômico, no qual os negros tiveram sua participação. A revolução pairava no ar, e os negros estavam prontos.

Nunca tinha havido um movimento negro sequer parecido com o Movimento Garvey, e poucos movimentos em qualquer outro país lhe são comparáveis em termos de crescimento e intensidade. Em 1920, era o movimento de massa mais poderoso dos Estados Unidos em termos proporcionais. Os apoiadores de Garvey afirmaram que nesse ano a UNIA chegou a 3 milhões de membros e, segundo o próprio Garvey, a 6 milhões em 1924. Esse último número provavelmente é um tanto exagerado, pois representaria no mínimo metade da população negra norte-americana da época. Mas era provável que nove décimos dos negros dos Estados Unidos o escutassem e, pelo que pôde ser apurado a partir de dados bastante incompletos, era possível que ele contasse com 2 milhões de membros já em 1920. O dinheiro e os afiliados vinham em abundância de todos os estados norte-americanos, das Índias Ocidentais e do Panamá. Os negros vendiam suas posses mais valiosas para financiar Garvey. Seu nome chegou até a África. O rei da Suazilândia disse a um amigo alguns anos depois que só sabia o nome de dois negros ocidentais: Jack Johnson[3] e Marcus Garvey.

---

3 Jack Johnson (1878-1946), o primeiro negro campeão mundial de boxe na categoria peso pesado, foi possivelmente a maior celebridade afro-americana do início do século XX.

Qual era o programa de Garvey? A volta à África. O continente africano precisava voltar a ser dos negros. Eles se instalariam por lá e viveriam livres e felizes na África da mesma forma como os europeus na Europa e os norte-americanos brancos nos Estados Unidos. Como eles conseguiriam a África de volta? Pediriam aos imperialistas e, caso fossem rejeitados, tomariam seus territórios à força. Em essência, era isso o que Garvey tinha a dizer. É verdade que ele também atacava o linchamento, formulava reivindicações de luta, clamava por direitos iguais e liberdades aos negros etc. Mas seu programa era basicamente este: voltar à África.

Era uma bobagem risível, mas os negros queriam um líder, e abraçaram o primeiro que apareceu. Além disso, muitas vezes o que os homens desesperados escutam não são as palavras de um orador, e sim seus próprios pensamentos. Daniel O'Connell[4] pregava a Derrogação da União, mas o que a grande maioria dos camponeses irlandeses tinha em mente era a expulsão dos britânicos e o confisco de suas terras. E Garvey era um homem de talentos excepcionais. Em seus melhores momentos, era um orador realmente notável, oportunista até a medula, que sabia como modular suas palavras de acordo com a plateia. Suas palavras eram sempre de militância aguerrida, e os negros escutavam, davam sua contribuição financeira e esperavam. Todas as coisas que Hitler mais tarde faria tão bem, Garvey já punha em prática em 1920 e 1921. Criou inclusive tropas paramilitares, que marchavam uniformizadas em seus desfiles, mantinham a ordem e animavam suas assembleias. Ele entendia aquilo que na época era tido como a psicologia do negro, com sua mentalidade infantil. (Mas isso foi antes de alguns dos mais prestigiados povos da Europa terem se deixado levar pelos mesmos truques e promessas mentirosas.) E, enquanto arrebatava suas plateias, assim como Hitler, Garvey organizava seus milhões de adeptos como uma precisão germânica.

Não é improvável que a força do movimento que criou tenha surpreendido o próprio Garvey. Junto com a esposa, ele viajou o país inteiro arrebanhando membros. Construiu um auditório, o Liberty Hall, organizou grandes protestos e congressos. Nomeou a si mesmo presidente,

---

4 Daniel O'Connell (1775-1847) foi o principal líder político irlandês na primeira metade do século XIX.

imperador, rei e sabe-se lá mais o que da África, e criou uma linhagem de nobreza negra, segundo a qual concedia a seus seguidores títulos que iam de baronetes até duques. Mandou delegações à Liga das Nações para fazer reivindicações sobre a África. Criou uma empresa de navegação, a Black Star Line, e chegou a comprar um ou dois navios, que inclusive fizeram algumas viagens. "A Black Star Line navegará até a África mesmo que seja por mares de sangue". Mas um programa para os afro-americanos não havia nenhum, nem mesmo o mais precário.

Além disso, apesar de sua militância, Garvey era um homem confuso. Atacava o imperialismo, mas estava disposto a defender a doutrina de que o negro deveria ser leal a todas as bandeiras sob as quais vivesse. Atacava furiosamente o comunismo e aconselhava os trabalhadores negros a não se aliar aos brancos em disputas trabalhistas. Negociou com a Ku Klux Klan pela repatriação dos negros para a Libéria. Desde mais ou menos 1921, estava claro que seus objetivos eram inatingíveis. Mas ele era um homem de grande coragem física, e continuou a realizar grandes assembleias, algumas no Madison Square Garden, mesmo com a polícia sempre querendo, e às vezes conseguindo, prendê-lo. Garvey se envolveu em alguns negócios malsucedidos. Enviou representantes à Libéria, mas o governo local, um satélite dos Estados Unidos, não queria envolvimento com ele, e é pouco provável que Garvey quisesse de fato tomar alguma medida séria. Durante anos, porém, ele continuou a ter uma massa de seguidores e exerceu uma influência poderosa sobre milhões de negros nos Estados Unidos e em todo o mundo. Em 1926, foi acusado de usar o correio norte-americano com intenções fraudulentas. Acabou condenado, preso e deportado para a Jamaica. Uma vez lá, os indícios que já vinham se tornando evidentes fazia tempo se concretizaram. Ele se apressou em fazer as pazes com o imperialismo britânico. Seu movimento se desintegrou.

Mas uma coisa Garvey conseguiu fazer. Ele tornou o negro norte-americano mais consciente de suas origens africanas e despertou pela primeira vez um sentimento de solidariedade internacional entre africanos e pessoas de ascendência africana. Levando em conta que era dirigido contra a opressão, foi um avanço de caráter progressista. Mas seu movimento era absurdo em diversos sentidos, e em outros, simplesmente desonesto. No fim, resultou em uma desilusão generalizada. Ao contrário de Kadalie, ele era um pequeno-burguês de origem e nunca pensou em termos de organização dos trabalhadores. Mas o Movimento Garvey, assim como o ICU em seu auge, embora tenha realizado muito pouco considerando seu tamanho, é de imensa importância para a história das revoltas negras. É revelador do fogo que arde no mundo negro, tanto nos Estados Unidos como na África.

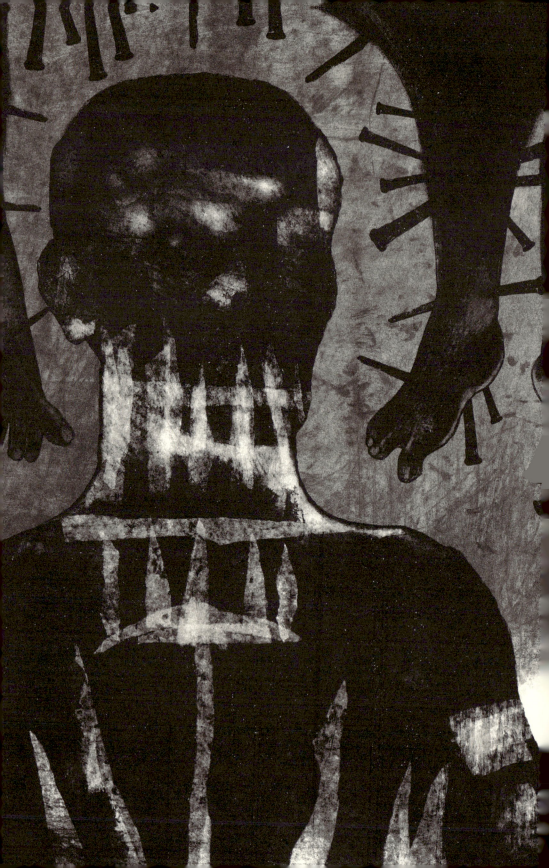

6. MOVIMENTOS NEGROS EM TEMPOS RECENTES

No Império Britânico, houve uma série de movimentos negros desde a Convenção de Ottawa, em 1932, que retirou das colônias os produtos japoneses baratos em benefício dos britânicos, justamente em um momento em que os negros se encontravam empobrecidos pela crise mundial. Em resposta à propaganda subversiva, houve a aprovação de leis bastante drásticas de sedição. Assim, em tempos recentes, as colônias têm sido cenário de revolta após revolta, nas Índias Ocidentais, na África Ocidental, na África Oriental e nas Maurícias. Vejamos algumas dessas revoltas e tentemos analisar sua relevância.

A Costa do Ouro, uma das colônias mais antigas, recentemente testemunhou uma revolta. Em 1937, na Costa do Ouro e em Ashanti, um distrito no interior, os produtores de cacau se organizaram contra o *pool* estabelecido pelas firmas comerciais e decidiram destruí-lo. No início de 1938, os caminhoneiros, em protesto contra multas pesadas por infrações banais (impostas por um magistrado africano), cruzaram os braços e paralisaram o transporte motorizado de cargas. Os marujos entraram em greve. O movimento se transformou em greve geral, e um boicote contra mercadorias europeias foi declarado. Qualquer um que fosse visto comprando ou vendendo produtos importados da Europa era atacado, levado até um chefe local e penalizado. Sir Ofori Atta, um típico chefe leal ao governo colonial, também apoiou a greve, tamanha era a pressão das massas. A população de Cape Coast, uma cidade portuária na Costa do Ouro, organizou um grande protesto contra o aumento das tarifas de fornecimento de água. A polícia tentou interferir, mas foi encurralada de volta à delegacia, que foi atacada e destruída. O governo enviou mais tropas policiais e militares para Cape Coast. Para isso, precisariam passar por Saltpond. A população de Saltpond armou barricadas na estrada e resistiu ao avanço da polícia e dos soldados, que precisaram dar meia-volta. Quando conseguiram chegar a Cape Coast, tudo já estava mais calmo.

A população se juntou em torno de um sentimento extraordinário de determinação e unidade. Segundo um relato não confirmado, o povo de Cape Coast, na qualidade de dono da terra, emitiu um aviso prévio para que a United Africa Company, o conglomerado de lorde Leverhulme, se retirasse da cidade, como uma forma de protesto contra as tarifas de fornecimento de água. Quando o prazo expirou, eles arrombaram as lojas e levaram tudo para fora. Em razão da greve dos caminhoneiros, não havia como levar nada embora, e os produtos foram saqueados.

No entanto, por mais aguerrido que fosse o movimento, assim como na maioria das colônias antigas, não havia uma militância que pensasse em termos de destituição dos britânicos. Os africanos ocidentais vêm se tornando cada vez mais orgulhosos, nacionalistas e combativos em relação à discriminação, mas não existe nenhum movimento revolucionário nacional. A Comissão do Cacau britânica ajudou a restaurar a ordem e está preparando seu relatório.

Na colônia de Trinidad, nas Índias Ocidentais, surgiu um movimento ainda mais poderoso.

A vitória dos negros de São Domingos foi o golpe final no tráfico negreiro nas Índias Ocidentais. Os britânicos proibiram o tráfico em 1807, e a escravidão foi abolida em 1834, em razão do declínio econômico das colônias, os ataques vigorosos dos abolicionistas e o apoio da nova burguesia industrial. A grande insurreição na Jamaica em 1831 contribuiu materialmente para acelerar o processo. Os negros das ilhas das Índias Ocidentais puderam assim se desenvolver de uma maneira bastante específica. Eles falam francês, inglês ou espanhol. Perderam todo o contato com suas origens africanas e assumiram uma aparência ocidentalizada. Uma classe média negra e mulata se estabeleceu. O preconceito e a discriminação raciais, ainda que não tenham de forma nenhuma desaparecido, foram declinando gradualmente. Embora os brancos controlem a maior parte das atividades econômicas, as classes médias negras estão pouco a pouco monopolizando as profissões liberais e o serviço público. Lá os negros não são uma minoria como nos Estados Unidos, e recebem uma educação nos moldes ocidentais, o que impede que os brancos assumam liberdades indevidas em relação a eles.

Em termos sociais, trata-se de uma situação incomparável com a encontrada na África Central ou do Sul, ou no Sul dos Estados Unidos. Em Trinidad, alguns anos atrás, um branco sul-africano foi nomeado para um posto no serviço público. Por algum motivo, agrediu com um pontapé um trabalhador braçal negro, que imediatamente revidou. O sul-africano foi indiciado pela agressão. O magistrado no tribunal, um homem de cor, aplicou-lhe uma multa. Ele foi alertado de que não estava mais na África do Sul e que, caso não corrigisse sua conduta, seria mandado para a prisão. A maioria das colônias é governada pelo Gabinete Colonial, que, pressionado pelas demandas confusas frequentes das massas por melhorias, tenta apaziguar a situação nomeando cada vez mais homens de cor para postos importantes no serviço público. As ilhas produzem homens de cor de grande brilhantismo intelectual, que constroem carreiras de destaque em tribunais, hospitais e nas universidades britânicas. As classes médias de cor estão fazendo grandes progressos. Essas pessoas se ressentem da discriminação racial, mas para todos os efeitos vivem como os brancos, e suas queixas se resumem a não conseguir todos os postos que desejam, além do fato de os brancos não os convidarem com muita frequência para seus jantares.

A verdadeira dificuldade existente nas Índias Ocidentais é a pobreza das massas. As ilhas vêm sofrendo um declínio constante em termos de relevância econômica. A *intelligentsia* composta por negros e mulatos às vezes se vale de slogans radicais, porém em sua maior parte está interessada somente em seu próprio progresso. No final do século XIX, a Comissão Henry Norman recomendou o desmantelamento dos latifúndios e a distribuição de sua propriedade entre os camponeses, mas os governantes e os representantes nomeados para o Conselho Legislativo não levaram adiante esse projeto, e a desnutrição, as condições habitacionais precárias e os baixos salários parecem ser uma sina permanente para as massas de negros. A crise de 1929 e a resolução de Ottawa só agravaram o fardo dos pobres. Essa situação levou a uma radicalização cada vez maior das massas, uma intensificação das questões raciais e uma elevação constante da tensão política e social nas ilhas, que chegou ao ápice em Trinidad no ano passado [1937]. A proporção que o movimento assumiu em Trinidad não é nenhum acidente, e serve como uma demonstração de como a natureza humana reage às condições que enfrenta, seja em Londres, na China ou no Peru.

Trinidad tem uma população de cerca de 400 mil pessoas, das quais mais de um terço são indianos, descendentes dos homens e das mulheres trazidos da Índia para a ilha como trabalhadores braçais. Entre eles e os negros, não existe ressentimento racial. Como na África do Sul e nos Estados Unidos, 1919 foi um ano de grandes inquietações nas Índias Ocidentais. Houve uma greve geral dos portuários, que saíram em patrulhas pelas ruas, forçaram o fechamento do comércio e chegaram a assumir temporariamente o controle da cidade. Os industriais brancos requisitaram que cruzadores fossem mandados à ilha, e o simples desembarque de marinheiros armados bastou para reestabelecer o *status quo*. O mercado de trabalho é precário e, assim como em Bardados, até hoje os artesãos e trabalhadores não qualificados encontram dificuldades para se organizar. Este autor estava na ilha à época, e uma característica dos distúrbios foi motivo de muitos comentários entre os círculos esclarecidos: enquanto os trabalhadores estavam no controle da cidade, a polícia permaneceu curiosamente inativa. Afirmou-se que o oficial no comando foi submetido a um interrogatório e deixou claro que não acreditava que seus policiais negros abririam fogo contra trabalhadores negros. O sentimento racial não é assim tão aflorado em épocas normais. Crianças de todas as cores estudam juntas nas escolas secundárias. Brancos, negros, pardos, indianos e chineses jogam críquete e futebol juntos, às vezes no mesmo time, e diversos membros da comunidade aparecem para torcer para suas respectivas equipes. Os times de críquete das Índias Ocidentais, formados por jogadores de todas as cores, excursionam juntos pela Inglaterra e a Austrália sem grandes atritos, e em grande medida com uma boa dose de camaradagem. Mas a divisão entre ricos e pobres também é a divisão entre brancos e negros, e nos momentos de tensão pode se tornar muito mais aguda. Pelo mesmo motivo, porém, existe uma possibilidade muito maior do que em outros lugares de que a polícia se alie aos trabalhadores, o que cria uma dificuldade que precisa ser resolvida pela intervenção de um cruzador — desde que haja cruzadores disponíveis.

Entre 1919 e 1937, em Trinidad, assim como nas demais ilhas das Índias Ocidentais, a atividade política vem se tornando cada vez mais intensa. O autogoverno é uma das questões na ordem do dia, e o Conselho Legislativo hoje tem membros eleitos pelo povo. O que criou a nova Trinidad, no entanto, foi o desenvolvimento da indústria petroleira, que hoje emprega quase 10 mil homens, concentrados na porção sul da ilha. A industrialização em larga escala teve como efeito inevitável o desenvolvimento de uma maior solidariedade e conscientização política entre os trabalhadores. A recessão jogou a população na miséria, e a insuficiência dos serviços sociais intensificou o sofrimento resultante. A questão etíope intensificou o sentimento de solidariedade e opressão racial. As notícias sobre as greves de ocupação na França e nos Estados Unidos eram lidas avidamente por esses trabalhadores, que encontraram um líder em Uriah Butler, um agitador de viés religioso.

A carreira de Butler, apesar de sua religião, é idêntica à de vários revolucionários da Europa Ocidental. Até a Grande Guerra, o líder do movimento dos trabalhadores em Trinidad era o capitão Cipriani, um homem branco identificado com os interesses das massas negras e que fez um belo trabalho em defesa desses interesses. Seu Partido Trabalhista é uma organização política de caráter amplo, que protegia os interesses dos trabalhadores na medida do possível, promovia a reivindicação do autogoverno e durante anos foi a única entidade política de massa na ilha. Mas Cipriani era um reformista. Butler era um membro de seu partido que defendia ativamente as causas dos trabalhadores. Acusado de ter visões "comunistas" e ser um "extremista", Butler acabou sendo expulso. Ele foi para o sul da ilha e deu início a um esforço de agitação entre os petroleiros. Em junho do ano passado, os petroleiros fizeram uma greve de ocupação por maiores salários, o que gerou consequências sem precedentes.

O governo tentou prender Butler enquanto ele discursava para uma plateia. A multidão resistiu à prisão, e a polícia teve que se retirar. Um certo cabo King, um homem negro (famoso no distrito por sua hostilidade em relação aos trabalhadores), partiu no encalço de Butler. Ele foi cercado pela multidão e, em sua tentativa de fuga, caiu e quebrou a perna. Enquanto estava no chão, foi surrado e teve o corpo coberto de óleo, ao qual foi ateado fogo, levando-o à morte. Trata-se de um episódio quase idêntico ao dos linchamentos de negros no Sul dos Estados Unidos. King era um homem negro, mas durante toda sua carreira se identificou com os brancos, e segundo relatos que vêm da ilha os lamentos expressos não foram por seu destino, mas pelo fato de não ser um "deles" — ou seja, não ser um branco. Mais tarde naquele dia, a polícia foi atacada a tiros, e um subinspetor acabou morto.

A partir daí a greve se espalhou. A destruição de propriedades pode ter sido obra de alguns vândalos, como afirma o relatório oficial, mas a greve foi total em Port of Spain, a capital, uma cidade de 80 mil habitantes na outra extremidade da ilha, a cerca de 65 quilômetros do local onde originalmente eclodiu. Essa característica notável dos distúrbios é descrita de forma lacônica no relatório oficial da seguinte maneira: "Nessa mesma manhã em Port of Spain todos os estabelecimentos pararam". Os trabalhadores rurais indianos, que aparentemente têm tão pouco em comum com o proletariado negro, seguiram a deixa e entraram em greve assim que tomaram conhecimento da ação dos negros. Em muitas partes da ilha, a paralisação dos trabalhos foi total. O governo requisitou um cruzador. Mas, se em 1919 a chegada dos marinheiros bastou para pôr um fim à inquietação, muita coisa mudou desde então, e o povo não se abalou pela aparição de um primeiro e até de um segundo cruzador. O governador assumiu uma postura firme de início, mas, diante da determinação demonstrada pela população, ele e um de seus principais auxiliares adotaram um discurso hostil aos patrões brancos e tentaram uma reconciliação. O governador foi admoestado por isso, e afastado do serviço civil nas colônias. Sua atitude provavelmente foi acertada.

Apesar das negativas do relatório da Comissão, as informações que vêm do local dão conta de que os sentimentos raciais estavam à flor da pele, e que bastava uma faísca para que se iniciasse um ataque generalizado aos brancos. E de fato não poderia ser diferente, já que o próprio governador enfatizou a relevância da questão etíope no processo de intensificação da tensão política na ilha — a maioria dos negros de todas as partes do mundo sustentam a crença equivocada de que os negros da Etiópia foram traídos pelos brancos por serem negros. A Comissão admitiu a condição precária dos pobres da ilha, e assim justificou indiretamente a greve. O mais importante, porém, é que o despertar político se consolidou. O relatório da Comissão menciona isso de passagem, mas não informa que os trabalhadores reivindicavam uma jornada de trabalho de quarenta horas semanais, férias remuneradas e, segundo foi dito, apesar de não ter sido possível comprovar, uma participação nos lucros. Eles exigiam equiparação salarial com homens brancos que cumprem a mesma função e mostraram seu ressentimento contra os brancos sul-africanos, que tentavam tratá-los de uma forma com que não estavam acostumados. Depois de voltarem ao trabalho, mais uma vez entraram em greve pelo reconhecimento de seu sindicato recém-formado. O capitão Cipriani, que foi seu ídolo durante anos, não estava na ilha na época da greve e deu declarações contrárias ao movimento. Ele e seu partido foram abandonados de imediato. Os sindicatos estão sendo formados por toda a ilha, e os trabalhadores mais esclarecidos criaram uma demanda por todo tipo de literatura revolucionária, como os escritos de Marx e Engels e outros autores sobre o comunismo, além de textos sobre a questão etíope. Nas eleições mais recentes, no eleitorado-chave do sul do país, o candidato dos trabalhadores foi o sr. Rienzi[1], um advogado indiano, presidente de um dos novos sindicatos. Alguns de seus opositores tentaram se valer da questão racial, jogando os negros contra um indiano. Mas Rienzi tinha lutado lado a lado com eles durante toda a greve. Os negros se recusaram a se deixar levar por esse artifício. Eles e seus líderes trataram com escárnio o argumento racial e declaram que se tratava de uma questão de classe. Assim, praticamente com um único golpe, esses trabalhadores se posicionaram na vanguarda do movimento internacional da classe trabalhadora. O governo no momento busca aprovar uma legislação de caráter drástico, que impõe duras penalidades pela simples posse de literatura radical e revolucionária. Os patrões brancos querem que guarnições militares sejam estacionadas na ilha. É certo que o sentimento racial pouco a pouco deve assumir uma posição menos prevalente do que antes, pois as classes médias negras já estão se mobilizando e deixando clara sua posição — estão do lado dos brancos. A industrialização foi o fator decisivo aqui. Embora não seja prudente fazer previsões, o clamor pela literatura radical demonstra a força do desejo de saber o que vem acontecendo no exterior e seguir essas ten-

---

1 Adrian Cola Rienzi (1905-1972) nasceu em Trinidad, com o nome Krishna Deonarine. Sua família havia emigrado da Índia para escapar da vingança dos britânicos por ter participado da Rebelião Indiana de 1857. Deonarine adotou seu nome "ocidental" em homenagem ao patriota italiano Cola di Rienzo, que viveu no século XIV. Rienzi estudou na Grã-Bretanha, onde começou a se envolver com o movimento anti-imperialista e ficou muito amigo do marxista indiano Shapurji Saklatvala. Também esteve bem ligado aos republicanos irlandeses e à UNIA (Universal Negro Improvement Association), de Marcus Garvey. De volta a Trinidad, fundou diversos sindicatos, entre eles o dos petroleiros, o dos trabalhadores das plantações de cana e o dos operários. Fundou e foi o primeiro presidente da União Sindical de Trinidad e Tobago. Também fundou um partido, o Trinidad Citizens League, foi deputado e chegou três vezes a ser o prefeito de San Fernando, segunda maior cidade do país.

dências. Já existe um panfleto escrito na própria ilha sobre o fascismo. O movimento está claramente a caminho de se associar aos trabalhadores mais esclarecidos da Europa Ocidental. Esse é um estágio que vai muito além do observado na Costa do Ouro. Isso já havia sido comprovado quando a revolta na Jamaica forçou a nomeação de uma Comissão Real. Entre os negros da Guiana Inglesa também vem fervilhando o descontentamento. A história desses territórios é em essência a história de Trinidad. Como remediar a situação não cabe a nós determinar, mas as medidas precisarão ser abrangentes.

A terceira e mais recente das revoltas selecionadas para serem discutidas aqui ocorreu ainda em 1935. No entanto, tem maior relevância que as outras duas. Trinidad é apenas uma pequena ilha nas Índias Ocidentais, e os distritos costeiros da África Ocidental abrangem apenas uma fração dos milhões de negros da África Central, Oriental e do Sul. O relatório da Comissão de Inquérito sobre a revolta dos mineiros rodesianos em 1935 proporciona um relato bem claro do que está acontecendo na mente das grandes massas de africanos.

A Rodésia do Norte é um novo tipo de colônia. É como o Quênia, onde não há nenhuma espécie de classe intermediária entre os colonos brancos e os negros. Existe, no entanto, um proletariado industrial atuando nas minas de cobre, o que confere um peso imediato ao ressentimento dos nativos. Os salários giram em torno de 15 xelins mensais, com o complemento habitual da discriminação e segregação raciais. Em outubro de 1935, houve uma greve nas minas. Com aumento abrupto de impostos, os trabalhadores protestaram da única forma que eram capazes. Soldados foram enviados para o local, seis nativos foram mortos, 22 ficaram feridos, e a ordem foi restaurada. Considerando apenas as aparências, isso não se configura como uma revolta, e sim uma greve que saiu do controle. Essa visão revelaria uma absoluta má compreensão da situação atual na África e seria totalmente falsa. Temos aqui, por exemplo, uma transcrição de um chamado à greve dos nativos:

Escutem todos vocês que moram no país, pensem bem em como eles nos tratam. Nós recebemos um bom tratamento, não; então vamos questionar uns aos outros e lembrar esse tratamento. Porque desejamos que no dia 29 de abril, cada pessoa não vá para o trabalho, e se alguém for será um caso sério. Percebam como eles nos causam sofrimento, eles nos enganam por dinheiro, eles nos prendem por vadiagem, eles nos perseguem e nos põem na cadeia por causa de impostos. Que razão nós demos? Em segundo lugar vocês que não querem ouvir essas palavras, então escutem, neste ano de 1935, se eles não derem aumento parem de pagar impostos. Acham que eles podem matar vocês, não. Vamos criar coragem e vocês certamente verão que Deus está conosco. Vejam bem como sofremos no trabalho e como somos o tempo todo ofendidos e surrados lá embaixo da terra. Muitos irmãos nossos morrem por 22 xelins e 6 pence, é por esse dinheiro que temos de perder nossas vidas. Quem não sabe ler diga a seu companheiro que em 29 de abril não deve ir trabalhar. Estas palavras não vêm daqui, vêm dos mais sábios que estão longe e nos dão incentivo e encorajamento.

Isso é tudo. Ouçam bem e se for certo nos deixem fazer isso.

Somos todos africanos Nkana

Homens e mulheres

Com satisfação,

G. LOVEWEY

Está claro que não se trata de um mero apelo à greve, e sim de uma exortação à luta incessante contra inimigos mortais. Se os acontecimentos mundiais derem uma chance a essas pessoas, elas destruirão o que as estrangula da mesma forma como os negros de São Domingos destruíram a plutocracia dos senhores de engenho franceses. Essa questão de ter chegado ao limite e estar disposto a resistir até a morte é encontrada em outra mensagem descoberta ao acaso: "Ninguém deve ir trabalhar no 1º de maio. Todas as tribos e pessoas. Vamos morrer. Eles vão nos matar na sexta-feira. P.W.". As convocações à greve fazem menção aos "sábios que estão longe", "pessoas mais inteligentes que nós e que estão nos guiando". A investigação oficial mostra que o Movimento da Torre de Vigia tem certa influência entre os nativos da Rodésia.

A Torre de Vigia é uma sociedade secreta originária dos Estados Unidos que publica tratados e panfletos políticos, tem uma sede na Cidade do Cabo e representantes que promovem reuniões na Rodésia e em todo o sul da África[2]. A Torre de Vigia baseia seus ensinamentos na segunda vinda de Cristo. Depois de anunciar em ocasiões anteriores uma data exata para isso acontecer, a sociedade abandonou as previsões, porém continua a esperar por Cristo com toda a convicção e acredita que quando ele vier o governo do mundo será entregue em suas mãos. Nesse sentido, não é muito diferente da doutrina dos missionários. Mas a Torre de Vigia vai além, e declara que todos os governos do mundo, em especial o da Grã-Bretanha e o dos Estados Unidos da América, são organizações satânicas, e que todas as igrejas, principalmente a protestante e a católica, são emissárias de Satã. Assim, a religião se torna uma arma da luta de classes.

Todos os livros e panfletos da Torre de Vigia pregam uma doutrina bem transparente. A organização do diabo é composta "principalmente daqueles que governam e que são designados como a porção oficial da nação". Os governos são "a Besta", em especial a sétima potência mundial, que é Grã-Bretanha[3]. "A Liga das Nações é contra Deus e seus ungidos, mas quem é o maior responsável pelo pacto da Liga das Nações?" O Diabo é o pai, o Império Britânico é a mãe. "O catolicismo é uma abominação aos olhos do Senhor, mas os protestantes são ainda mais abomináveis que os católicos". O cristianismo organizado é repleto de imundície, cheio de "hipocrisia, abominação, fornicação e sujeira. Sob a forma de governo atual as pessoas sofrem muitas injustiças e são tremendamente oprimidas. Os impostos são altos, enquanto os frutos do trabalho são mal remunerados. O fato é que uma grande mudança de um governo extremamente egoísta para um que seja completamente altruísta e justo está próxima".

---

2 O movimento Torre de Vigia surgiu no Congo no início do século XX e era, no primeiro momento, filiado à Watch Tower Bible and Tract Society of Pennsylvania, uma entidade subordinada à igreja Testemunhas de Jeová. Mas esta rompeu os laços com a filial em 1925, quando descobriu que seus pastores africanos falavam da iminente vinda de Jesus, mas falavam ainda mais contra o colonialismo, e de igualdade racial, de salários iguais para negros e brancos etc.

3 Os Testemunhas de Jeová baseiam-se em um trecho da Bíblia – "E há sete reis, cinco já caíram, um é, e o outro ainda não chegou, mas, quando chegar, deverá permanecer por pouco tempo" (Apocalipse 17:10) – para sustentar que os "sete reis" são Egito, Assíria, Babilônia, Medo-Pérsia e Grécia (impérios que já haviam caído à época em que o trecho foi escrito), Roma (o império que dominava o Ocidente à época) e, por fim, o império britânico, que seria o último antes do retorno de Cristo. Depois, com o tempo, os Testemunhas de Jeová passaram a considerar que o último império profetizado na Bíblia é a aliança anglo-americana, a potência mundial dupla de língua inglesa.

As ilustrações pregam sentimentos similares, com um vigor ainda maior. Uma delas, por exemplo, mostra quatro pessoas brigando em torno de um corpo caído de bruços. Um é um europeu gordo de terno, cartola e um chicote na mão. O segundo é uma figura similar, vestindo fraque e carregando um saco de dinheiro. O terceiro é um gângster europeu com uma adaga na mão. O quarto é um bispo corpulento com uma mitra na cabeça. Logo atrás está o diabo, incitando-os. Isso supostamente representa a Guerra Universal.

É difícil determinar com exatidão a verdadeira influência da Torre de Vigia. Este autor foi informado por marinheiros negros de que suas ideias são amplamente disseminadas pela África, e que se trata da força revolucionária mais poderosa do continente hoje. O Jesus manso, gentil e moderado dos missionários não tem como competir com o Deus da Torre de Vigia. A Comissão que investigou os "distúrbios" na Rodésia reconheceu sua importância e dedicou várias páginas a suas atividades.

Essas são as ideias que mobilizam as mentes desses mineiros de cobre africanos. São absurdas apenas na superfície, já que representam realidades políticas e expressam aspirações políticas de forma muito mais imediata do que programas e diretrizes de partidos com milhões de membros, diferentes publicações e meio século de historiografia. A Torre de Vigia diz o que pensa o nativo pensante, e informa pelo que ele está disposto a morrer.

Em *The Native Problem in Africa*, o dr. Buell faz uma observação digna de nota:

> A credulidade extremada com que os nativos, sob o encanto de um líder que afirma ter poder divino ou místico, são capazes de abandonar seus interesses materiais e sacrificar imprudentemente suas vidas é uma das características mais impressionantes da África atual. O nativo africano, contudo, provavelmente não expressará esse tipo de fanatismo com um ataque deliberado à autoridade europeia. Mas ele já demonstrou uma capacidade extraordinária de resistência passiva que torna o problema do controle mais complexo do que se a população nativa tentasse massacrar os europeus a sangue frio.

Esse aparente fanatismo é a melhor indicação do verdadeiro sentimento de milhões de africanos. Eles sabem o que querem, mas não o que fazer. A não ser em colônias como Serra Leoa e Gâmbia, e em certo sentido entre a *intelligentsia* negra nos distritos costeiros da Costa Ocidental, esse sentimento de libertação está por trás de todas as disputas trabalhistas e agitações políticas. Essa é a verdadeira África. E é por isso que os brancos temem tanto os africanos e buscam aterrorizá-los. O dr. Buell escreveu isso mais de dez anos atrás. Desde então ocorreram as revoltas do Congo, já mencionadas aqui, que têm muito pouco ou nada a ver com questões religiosas. A Torre de Vigia, vale lembrar, prega um ressentimento feroz contra todas as potências imperialistas, sem fazer distinções entre imperialismos fascistas e democráticos. Para o vasto contingente de africanos na África, essa distinção não significa nada.

As implicações desse ressentimento suprimido, mas nem por isso menos candente, são bem amplas. Por exemplo, se uma revolta se iniciasse no Congo e se espalhasse para África do Sul, a África Oriental e África Ocidental, os africanos poderiam facilmente sufocar os brancos caso a chegada de ajuda externa fosse inviabilizada. Na Nigéria, em uma população de 20 milhões, existem apenas 5 mil brancos, e em Lagos, uma cidade de 150 mil habitantes, moram somente mil deles. Existem muitos brancos na África do Sul, o que representa um problema especial, mas a verdadeira base de sustentação do controle imperialista do continente africano são os cruzadores e aviões de guerra europeus.

Embora muitas vezes retardado e às vezes desviado, o curso da história, quando observado com o devido distanciamento, revela correntes tributárias estranhas e diversas em sua lógica toda própria e abrangente. Os revolucionários de São Domingos e os combatentes negros da Guerra Civil Americana, embora não soubessem, foram propulsores poderosos da civilização moderna. Hoje o mineiro de cobre rodesiano, vivendo com 3 xelins por semana, é também uma engrenagem das rodas da economia mundial, de um caráter tão irracional em termos econômicos no século XX como o escravo seminu nos algodoais do Alabama cem anos antes. Mas a emancipação do negro se expandiu através dos séculos; o que se resumia ao contexto local e nacional em São Domingos e nos Estados Unidos hoje é uma questão internacional de grande urgência, que interliga o futuro de 100 milhões de africanos às esperanças e aos medos da Europa Ocidental. Embora fraca, a consciência política imanente no processo histórico emerge na tateante e negligenciada África. Se Toussaint escrevia na linguagem de 1789, a bizarrice da Torre de Vigia se aproxima primitivamente da dialética de Marx e Lênin. É isso o que atenua a desolação e confere significado a um registro de fracassos praticamente generalizados. O africano está se debatendo e ferindo a própria carne contra as grades que o cercam em benefício de liberdades que vão além da sua.

EPÍLOGO — A HISTÓRIA DA REVOLTA PAN-AFRICANA: UM RESUMO, 1939-1969

É necessário fazer uma retrospectiva do que aconteceu nas três décadas após 1938 para a republicação deste livro em 1969. Isso envolve as atividades sociais, no sentido mais amplo do termo, e políticas — as derrotas e os triunfos de centenas de milhões de pessoas na África; dezenas de milhões nos Estados Unidos; e alguns milhões nas Índias Ocidentais, que compensam com intensidade e potencial seu menor contingente numérico. Além da enorme quantidade de material de pesquisa, poucos períodos históricos excedem, ou sequer se aproximam, da abrangência de conquistas, transformações, eventos dramáticos e personalidades notáveis desta época em particular. Considerando essas circunstâncias, é necessário inclusive, ao custo de algumas centenas de palavras, que ocupam um espaço tão precioso, deixar claro o que pode e o que não pode ser feito — ou seja, estabelecer o tom em que essa retrospectiva será feita.

Nesse sentido, Anatole France (hoje infelizmente em baixa com os críticos) fez muitas observações não apenas bem-humoradas, mas também sábias: um famoso governante, depois de muitos sucessos e também uma certa dose de fracassos, mandou convocar os sábios de seu reino e lhes pediu para estudar e relatar a ele os fatos e o entendimento da História. Os velhos eruditos aceitaram a responsabilidade, reuniram seus assistentes e seus materiais e se dedicaram ao trabalho por vinte anos. Então voltaram com vinte volumes nos quais haviam resumido os fatos de relevância histórica. A essa altura, o monarca era um homem idoso, e reclamou: "Como vocês esperam que alguém da minha idade lide com tudo isso, tendo que ler e ainda mais estudar vinte volumes deste tamanho? Vão embora e resumam os vinte volumes para que eu possa ler". Os historiadores se retiraram e, vinte anos depois, um homem bem velho com uma barba comprida voltou com um único volume. "Majestade", ele falou, "meus colegas estão todos mortos. Eu resumi tudo aqui neste único volume". O monarca estava deitado naquele que sabia ser seu leito de morte e reclamou, amargurado: "Está me dizendo que eu nunca vou conhecer os fatos de relevância histórica? Como posso ser capaz de ler até mesmo esse volume enorme que você está me trazendo?" O velho historiador pôs o livro de lado e respondeu: "Majestade, eu posso resumir a história da humanidade de modo que o senhor possa compreender antes de morrer: as pessoas nasceram, sofreram e morreram".

Eu gostaria que meus leitores entendessem a história da Revolta Pan-Africana nos últimos trinta anos. Os negros lutaram, sofreram — e ainda estão lutando. Tendo compreendido isso, podemos abordar nossas questões com o equilíbrio mental necessário.

Comecemos pela África: mencionarei aqui apenas dois dos quase cinquenta Estados africanos que conquistaram independência ou se tornaram mais poderosos. O primeiro é o que conhecemos como Gana, e o segundo é o Quênia. O fato de eu ter conhecido pessoalmente os líderes políticos de ambos os países é útil neste caso.

I. ÁFRICA

DA COSTA DO OURO A GANA

Havia em Acra um subchefe local chamado Nii Kwabena Bonne III. Ele também era um homem de negócios, e fez uma breve campanha pelo país arrebanhando o apoio dos demais chefes locais. Então, em 11 de janeiro de 1948, convocou um boicote contra a compra de produtos importados da Europa. O boicote foi tão abrangente quanto uma empreitada como essa pode ser. Tornou-se generalizado na colônia e nos territórios Ashanti e durou até 24 de fevereiro.

Durante o boicote, ocorreram eventos de enorme importância simbólica. As instâncias administrativas nativas, como os chefes locais, que até então eram manipulados pelo governo, usaram sua posição jurídica para impor multas a quem não cooperasse com o boicote de produtos europeus. Grupos de jovens percorreram as cidades mantendo o boicote pela força quando necessário.

Apenas em 11 de fevereiro o governo colonial interveio. Houve uma série de reuniões entre a Câmara do Comércio e Nii Bonne III, presididas pelo secretário colonial. Acordou-se que os preços seriam reduzidos em caráter experimental por um período de três meses. Nii Bonne III então suspendeu o boicote.

Nesse meio-tempo, o Sindicato dos Ex-Militares elaborou uma petição para apresentar suas reivindicações ao governador em 24 de fevereiro de 1948, mas adiaram a audiência para o dia 28. Nesse dia, os membros do sindicato começaram uma passeata. Durante a manifestação, mudaram o trajeto previsto e anunciaram sua decisão de marchar até o Castelo Christiansborg, a residência do governador. No caminho, encontraram um esquadrão da polícia e, no conflito que se seguiu, o superintendente da polícia, um homem branco, atirou contra os líderes dos protestos, matando dois deles e ferindo mais quatro ou cinco. A notícia se espalhou pelo distrito industrial de Acra, onde pela primeira vez em um mês as pessoas estavam comprando mercadorias europeias. A população já estava insatisfeita por acreditar que nem todos os produtos estavam sendo vendidos pelos preços estipulados no acordo que deu fim ao boicote. A informação sobre o ataque a tiros gerou uma explosão de raiva. O povo atacou e saqueou as lojas dos europeus. A polícia foi incapaz de restaurar a ordem durante dois dias, o sábado e o domingo. Houve incêndios e destruição de propriedades, e naquele fim de semana quinze pessoas foram mortas e 115 feridas apenas em Acra, mas houve outros distúrbios em várias partes da colônia. A mais relevante foi em Koforidua, onde tudo começou com a chegada de um caminhão com homens vindos de Acra. Também houve manifestações em Kumasi na segunda-feira, 1º de março, uma hora depois da chegada do trem de Acra.

Nkrumah afirma que ele e sua organização, a Convenção da Costa do Ouro Unida (UGCC), não teve nada a ver com os distúrbios, e como veremos há boas razões para acreditar nisso.

Esses são os fatos por si mesmos. No entanto, quando analisamos a situação com um pouco mais de atenção à luz do que aconteceu depois, muitas vezes um movimento premeditado e lógico se revela. Não foram protestos comuns de uma população faminta contra a alta dos preços. O primeiro estágio de toda revolução é assinalado por um grande movimento de massa da população, em geral liderado por representantes da antiga ordem. O sr. Georges Lefebvre, membro da grande escola de historiadores da Revolução Francesa, estabeleceu que a revolução burguesa na França em 1789 foi precedida por protestos de massa durante aquilo que ele chama de "crise da monarquia", que ocorreu em 1788, um ano antes do levante popular que levou à Queda da Bastilha em 14 de julho de 1789. Neste caso, estamos em meados do século XX.

O primeiro movimento assume a forma de um boicote que durou um mês, mas chefiado por um chefe local e apoiado pelos demais. O povo de Acra segue exatamente o curso das massas em todas as grandes revoluções. A única organização disponível para uma mobilização era a dos ex-militares e, quando eles começaram seu protesto, receberam o reforço de um grande número de espectadores e simpatizantes. Fosse essa ou não a intenção original dos ex-militares, os simpatizantes os incentivaram a tomar o rumo do castelo do governador. Palavras de ordem antirracistas eram gritadas com frequência. Entre os comentários que se espalhavam pela multidão estavam coisas como: "Este é o último governador europeu a ocupar o castelo". (Eles não erraram por muito: aquele foi o penúltimo). A multidão lançou uma pesada chuva de pedras contra a polícia. Quando os policiais tentaram deter seu avanço, foram gritados insultos contra os oficiais europeus e exortações para que os africanos abandonassem seus postos. Ao que parece, isso funcionou — quando o superintendente deu a ordem de abrir fogo, os africanos não atiraram, e ele precisou arrancar o fuzil do homem mais próximo e fazer os disparos que causaram as mortes. O superintendente Imray nesse momento tinha apenas dez policiais sob suas ordens. A ideia de que uma multidão de 2 mil pessoas, composta em boa parte de homens com experiência no campo de batalha, se deixaria intimidar pelos tiros é ridícula. Eles teriam passado por cima daquela dezena de policiais em questão de segundos e, como havia apenas dois oficiais e dez homens a postos em Christiansborg, o castelo se tornaria uma nova Bastilha. Em situações como essa, é preciso trabalhar com inferências, analisar conjunturas similares em eventos históricos anteriores sem preconceitos contra os manifestantes e contra os africanos. O recuo aconteceu porque eles perceberam que eliminar a resistência frágil que encontraram daria início a uma batalha que não estavam preparados para enfrentar. Portanto, como as massas costumam fazer em circunstâncias como essa, preferiram se retirar.

Estou usando aqui os relatórios das investigações posteriores conduzidas por uma Comissão do Gabinete Colonial, e é preciso lembrar que reconstituir depois do acontecido o que a multidão está pensando e suas motivações em momentos como esse é dificílimo; e de qualquer forma a Comissão do governo não é exatamente uma entidade que saberia fazer os questionamentos certos para encontrar respostas a esse respeito, ou até mesmo entender as evidências que consegue coletar. A Comissão define os manifestantes como uma "turba sem lei". Era exatamente isso o que eles não eram. Essas pessoas estavam agindo instintivamente de acordo com certas leis fundamentais da revolução, e como veremos continuaram obedecendo a essas leis até o fim.

Devemos analisar com atenção essas primeiras ações porque, a não ser que haja uma grande transformação na política do governo de Sua Majestade e de outras potências europeias, isso acontecerá em outras vastas regiões da África colonial. O que realmente ocorreu pode ser resumido da seguinte maneira:

> O povo se mobilizou e se organizou em escala nacional durante o boicote e compreendeu seu poder, e foi capaz de fazer isso tão rapidamente porque o primeiro passo foi dado por sua liderança tradicional, os chefes locais.
>
> A exortação aos policiais africanos para que não obedecessem aos oficiais europeus e se recusassem a atirar não foi um acaso. Isso acontece no início de todas as revoluções. E também não foi um ato espontâneo. Durante o boicote, no julgamento de um chefe local por uma acusação surgida em meio aos esforços para o cumprimento do boicote, foram espalhados cartazes por Acra incentivando os policiais a entrarem em greve e se recusarem a cumprir as ordens dos oficiais europeus.
>
> A marcha até o Castelo Christiansborg e os gritos de que o governador seria o último europeu a governar o país demonstram a confiança que se construiu ao longo do mês que durou o boicote. O povo assim proclamou a palavra final da revolução: o fim do domínio imperial.

Eles sabiam o que queriam. Se desistiram da marcha até o castelo e hesitaram em partir para cima da polícia, foi porque entendiam as consequências de tais ações. O povo estava à espera de alguém para liderá-lo, e acolheu Nkrumah de braços abertos para assumir essa posição. Isso é o que foi chamado uma turba sem lei. Em dezoito meses, Nkrumah convocaria uma Assembleia Constituinte de Gana em Acra, à qual compareceram 90 mil pessoas. Em dois anos, essas pessoas conduziriam uma Ação Positiva dentro da qual a vida de todo o país seria conduzida ao normal com a maior disciplina e ordem. Três anos depois, deram a Nkrumah 22.780 de 23.122 votos possíveis.

Nkrumah foi tirado da cadeia e nomeado líder de assuntos governamentais. Depois de anos de luta, ele enfim conseguiu a independência da Costa do Ouro, em 1957.

O MITO DOS MAU-MAU

Não foram as crenças africanas e as práticas tribais, e sim os colonizadores brancos presentes no território que foram decisivos para moldar o caráter da revolta negra no Quênia. A ferrovia tornou possível exportar as safras comerciais dos europeus instalados nas terras férteis e temperadas dos planaltos quenianos. Uma política de incentivo à colonização branca, uma novidade na África, em pouco tempo recebeu a aprovação oficial do Gabinete de Relações Exteriores. Assim, sob a supervisão do Gabinete Colonial, a colonização europeia rapidamente se tornou a influência mais poderosa no desenvolvimento social, econômico e político do novo país.

Foi na primeira década do século XX que o novo Quênia tomou forma. Uma das maiores requisições iniciais de terras (de 130 mil hectares) foi feita em abril de 1902 pela East Africa Syndicate, uma companhia britânica bem forte na África do Sul. Com apenas uma dúzia de colonos estabelecidos no início de 1903, em agosto Sir Charles Eliot, o comissário, mandou seu chefe da alfândega, A. Mardsen, à África do Sul para incentivar os colonos a migrar para o país. No final de 1905, mais de 400 mil hectares de terras já tinham sido arrendados ou vendidos pelas autoridades do protetorado. Em 1906, um grande grupo de bôeres "irreconciliáveis" atravessou o Transvaal para se instalar nos planaltos quenianos; outros europeus foram chegando de navio da Grã-Bretanha e da África do Sul.

Assim teve início um fenômeno novo em uma colônia africana: o esforço para torná-la um "país dos brancos".

Em nenhum lugar da África houve tal esforço antes de 1914, e no caso do Quênia ele ainda persistiu durante décadas até a independência do país, quase cinquenta anos depois. Entre 1903 e 1906, regiões importantes do território dos quicuios foram tomadas. Cerca de 8 mil xelins foram pagos a 8 mil quicuios, porém mais de 3 mil não receberam nada. O comissário Eliot escreveu que "ninguém duvida que o rico e excepcionalmente fértil distrito dos quicuios está destinado a ser um dos principais centros de cultivo dos europeus, e o processo de colonização é facilitado pelo fato de que existem trechos de terras onde não há população nativa".

Em 1914, os exclusivos "Planaltos Brancos" já eram uma realidade, e os europeus começaram a exigir o direito convencional dos colonos britânicos de eleger seus próprios representantes para o Conselho Legislativo do protetorado.

Foi uma luta contínua. Por fim (no início dos anos 1950), os africanos, em especial os quicuios, mas não só, pegaram em armas e a partir de acampamentos e esconderijos nas florestas atacaram os redutos dos colonos, matando fazendeiros brancos e africanos que apoiavam o regime britânico. Dedan Kimathi[1] e Waruhiu Itote[2] ("General China") foram amplamente reconhecidos como os líderes dos exércitos nacionalistas. Alimentos, dinheiro, armas e suprimentos médicos só chegavam mediante perigos e esforços imensos. Em algumas regiões, a Guarda Doméstica era forte, em outras não. Em determinados locais, o chefe local era simpático à causa, enquanto em outros era um "lealista" convicto. Houve alguns líderes notáveis cujos nomes devem ser registrados — o próprio Kimathi, Stanley Mathenge, China e Tanganyika em

1 Dedan Kimathi (1920-1957) foi o principal líder dos Mau-Mau, uma organização guerrilheira que procurou expulsar os britânicos do Quênia nos anos 1950. Ele foi capturado e enforcado pelo governo colonial.

2 Waruhiu Itote (1922-1993) foi um dos principais dirigentes dos Mau-Mau e também o primeiro deles a ser capturado pelo exército colonial, em 1954. Foi condenado à forca, mas o governo acabou libertando-o depois que ele prometeu convencer seus antigos camaradas a desistirem da luta. Como sua nova missão foi um fracasso, Itote voltou a ser preso e na prisão ficou amigo de Jomo Kenyatta, também um líder da luta anticolonial, mas hostil aos Mau-Mau. Quando, depois da independência do Quênia, Kenyatta tornou-se presidente do país, tomou Itote sob sua proteção e arrumou para ele um cargo no governo.

Nyeri, Matenjagwo, Kago e Mbaria Kaniu em Fort Hall, e Kimbo, o assaltante de rebanhos, que operava entre Nanyuki e Maivasha. O relevo difícil impedia a fluidez da comunicação lateral dentro da floresta, e a campanha logo se desenvolveu na forma de uma série de batalhas locais de atrito, que avançavam de montanha em montanha.

Embora derrotados nas Reservas, e apesar de algumas rendições às Forças de Segurança Britânicas, muitos homens e mulheres continuaram a resistir na floresta. Seu objetivo, além de sobreviver e manter a luta por terra e liberdade, era atrair atenção internacional para a causa. Não havia nenhuma ajuda externa a caminho, e o levante não originou nenhuma grande comissão de investigação pelos parlamentares da Grã-Bretanha.

Entre 1953 e 1955, Kimathi se esforçou para oferecer uma perspectiva mais ampla à resistência na floresta. Em determinado momento, ele teria declarado: "Eu não sou líder de rebeldes, e sim de africanos que querem terra e autogoverno. Meu povo quer viver em um mundo melhor do que encontraram quando nasceram. Eu assumi sua liderança porque Deus nunca criou uma irmandade verdadeira entre brancos e negros para que pudéssemos ser considerados pessoas e seres humanos capazes de fazer toda e qualquer coisa".

Mas o fato puro e simples é que o exército nacionalista foi derrotado por forças numerosas enviadas pelo governo britânico para manter o regime colonial. Cerca de 50 mil quicuios e outros revolucionários ficaram presos em campos destinados a um treinamento especial elaborado para curá-los da doença mental que as autoridades britânicas alegavam ser o motivo de sua recusa à submissão. Jomo Kenyatta[3] recebeu uma longa sen-

---

3 Jomo Kenyatta (1897-1978) foi preso sob a acusação de ser um dos mentores dos Mau-Maus, acusação bem absurda: Kenyatta era radicalmente crítico do grupo guerrilheiro. Intelectual com sólida formação, Kenyatta estudou na Universidade de Londres, na Universidade Comunista dos Trabalhadores do Oriente (em Moscou) e na London School of Economics. Politicamente era um pragmático, moderado e pacifista, que havia inclusive se encontrado com Gandhi. Apesar de todo esse intelectualismo, pacifismo e de ter sido como que um pupilo do marxista George Padmore e inclusive camarada de C.L.R. James no movimento pan-africano nos anos 1930, Kenyatta, ao tornar-se o primeiro presidente do Quênia, em 1964, alinhou-se aos Estados Unidos e Grã-Bretanha, foi rigorosamente anticomunista, deixou que as multinacionais dominassem a economia do país, enriqueceu loucamente com dinheiro da corrupção, perseguiu os dissidentes, manteve certa distância do movimento pan-africano e governou o país com mão de ferro até morrer, em 1978.

tença de prisão e, depois de cumpri-la, foi mantido confinado em um rincão distante do centro da política queniana.

Apesar da reconstituição de sua autoridade e presença militar, os britânicos se descobriram incapazes de continuar governando o povo queniano. Foram elaboradas manipulações e manobras constitucionais, com autorização e apoio do Parlamento britânico e seu corpo de especialistas, mas todas as iniciativas terminaram em rejeição e fracasso. No fim, foi inevitável conceder a independência política ao Quênia. As histórias disseminadas a respeito dos "Mau-Mau" foram denunciadas como os mitos antiafricanos que são. Não existe nada de inerentemente africano em relação aos "Mau-Mau". Depois do ataque e da perseguição da organização social e das respectivas crenças dos revolucionários, o que foi rotulado (pelos britânicos) como Mau-Mau era um corpo *ad hoc* de crenças, juramentos e condutas criado com o propósito específico de unir e fortalecer a luta contra o imperialismo britânico, seu domínio militar, político e econômico e, em especial, contra o cristianismo que buscava instituir e impor.

INDEPENDÊNCIA E DEPOIS

Na Costa do Ouro e no Quênia, temos dois extremos de lutas africanas pela independência. Nada na história moderna foi mais surpreendente do que a rapidez com que os demais Estados africanos conquistaram a independência política. Na Argélia, os imperialistas franceses tiveram uma experiência similar à do Quênia. O exército francês estabeleceu o que considerava um maior poderio militar sobre as não muito organizadas forças argelinas. Os militares acreditavam que a resistência política estava sob controle. Arquitetaram a subida do general De Gaulle ao poder na França para finalmente fazer os argelinos aceitarem que eram franceses. Mas o general compreendia um levante revolucionário melhor do que eles. Percebeu que, independentemente da força das armas e das prisões, a mentalidade colonial de aceitação da dominação estava liquidada e jamais seria restabelecida. Para a fúria dos imperialistas e militares franceses, ele estabeleceu um acordo de independência com os nacionalistas argelinos, salvando o que era possível das finanças e do capital investido da França. A decepção e a raiva em especial dos generais franceses foram tamanhas que eles tentaram assassinar De Gaulle. O atentado foi tramado de forma tão aberta que alguns deles tiveram que ser julgados e inclusive presos. Foi uma prova nua e crua da rapacidade de uma pequena parcela da população de uma civilização esclarecida, que lucrava com o imperialismo. Da mesma forma, milhares de franceses que viviam de explorar os argelinos deixaram a Argélia e voltaram para a França.

O assassinato de Lumumba[4] e os esforços incansáveis do falecido Tshombe deram contornos dramáticos à tentativa do imperialismo belga de manter sua exploração da vasta riqueza mineral do Congo, apesar de um certo reconhecimento do caráter irresistível do movimento pela independência nacional.

Os doze anos que se passaram desde a conquista da independência da Costa do Ouro, em 1957, foram um dos períodos mais transformadores e politicamente intensos da história. Em todo o continente africano, um Estado após o outro foi obtendo sua independência política com uma força que nem mesmo os mais fervorosos entre os adeptos iniciais das ideias de independência poderiam prever. Ater-se apenas aos nomes dos líderes obscurece a realidade política. O que deve ser ressaltado é que Kenyatta, Nkrumah e Banda[5], para nos limitarmos aos nomes mais conhecidos, foram todos presos pelo governo britânico e tiveram que ser soltos para liderarem os Estados independentes. O governo britânico, assim com o francês e o belga, descobriu que, apesar de seus soldados, suas armas e seus aviões, não tinha mais como se manter no poder. A mentalidade colonial havia sido liquidada, e a única forma de restituir alguma ordem ou, para não usar uma palavra hoje corrompida e ofensiva, a única forma de ter uma sociedade viável era transferir o líder da cadeia para a chefia do Estado. Sob nenhuma outra condição o povo africano voltaria à conformidade com qualquer espécie de estrutura social.

Eles aceitavam o líder africano e seus equivalentes em outros países. Mas é exatamente por isso que na África, Estado após Estado, com quase a

---

4 Em janeiro de 1961, Patrice Lumumba (1925-1961), herói da independência congolesa, foi sequestrado, torturado e executado por milicianos subordinados ao serviço secreto belga. Agentes da CIA também estavam envolvidos no crime. Lumumba tinha apenas 35 anos.

5 Hastings Kamuzu Banda (1898-1997) tornou-se primeiro-ministro de Malawi assim que o país conquistou a independência em 1964, e governou por 30 anos com mão de ferro. Milhares de pessoas foram assassinadas pelas forças de repressão durante seu governo. Banda foi o único dos líderes africanos que manteve relações diplomáticas com a África do Sul e com os governos coloniais portugueses de Moçambique. Anticomunista, foi também o único líder africano que apoiou os Estados Unidos na Guerra do Vietnã.

mesma rapidez com que a independência foi conquistada, as ditaduras militares subiram ao poder uma após a outra, sendo a mais deprimente de todas a deposição do que parecia ser o mais progressista e bem-sucedido de todos os novos governos do continente — o do Mali. Quais são as razões para a decadência e o declínio acelerados do nacionalismo africano? O motivo mais conhecido e mais citado pelos africanos e pelos defensores da independência dos países da África é a continuação da exploração do continente pelo capital industrial e financeiro da Europa e dos Estados Unidos. Até mesmo as pessoas não muito bem-informadas têm consciência da queda contínua dos preços das commodities, em geral produtos de monoculturas ou extração mineral, produzidas pelos países africanos, e os preços sempre em ascensão das mercadorias manufaturadas de que os países recém-independentes da África necessitam em seus obrigatoriamente frenéticos esforços de modernização. Os bancos e as antigas indústrias com novos nomes africanos, trabalhando através de agentes locais (como a comunidade indiana no Quênia), continuam a controlar a vida das nações recém-independentes. A "ajuda" externa, tão reduzida em quantidade e tão alardeada na publicidade, poderia ser dispensada de bom grado se a independência econômica viesse automaticamente junto com a independência política.

Mas, sem minimizar a continuidade da subordinação econômica dos novos Estados independentes africanos, existem razões objetivas para esse aparente declínio, na verdade desintegração abrupta e a recorrente instalação de ditaduras militares violentas em Estado após Estado no continente africano.

Os Estados que os líderes nacionalistas africanos herdaram não eram de forma alguma africanos. Com a desintegração do poder político dos Estados imperialistas no continente e a ascensão da militância entre as massas africanas, um certo padrão político tomou forma. Os líderes políticos nacionalistas constituíram grupos de seguidores, e eles ou seus oponentes conquistaram apoio entre funcionários públicos africanos que administravam o Estado imperialista, e assim o Estado africano recém-independente não era muito diferente do velho Estado imperialista, a não ser pelo fato de ser administrado e controlado por nacionalistas negros. O fato de esses homens, de formação e orientação ocidentais, terem muito pouco de nacionalista ou africano para contribuir para o estabelecimento de uma nova ordem verdadeiramente africana foi notado com mais clareza pelo falecido Frantz Fanon, que estabeleceu sua reputação, que continua se ampliando cada vez mais, com a defesa irrestrita da revolta contra esses regimes nacionalistas negros. Ele via o sentimento implacável de revolta como a única forma de livrar a África do domínio econômico e psicológico da civilização ocidental, que, com ou sem independência, parecia decidida a manter a África e os africanos como rachadores de lenha e carregadores de água para o Ocidente[6]. Sekou Touré, da Guiné, parecia ser o único líder africano com a intenção de construir uma sociedade na qual os recursos técnicos europeus seriam usados para fortalecer e desenvolver a herança africana. Mas, além de se tratar de um país muito pequeno e subdesenvolvido, os enviados de Moscou dos quais ele esperava ajuda tramaram para derrubar seu regime, e a Guiné não conseguiu fazer o progresso que serviria de exemplo para a África. Esse exemplo, no entanto, viria da Tanzânia, sob a liderança do dr. Nyerere. O impacto das políticas da Tanzânia na África, que com o tempo podem ser espalhar pelo restante do mundo, subdesenvolvido ou não, já estabeleceu o Estado tanzaniano como um dos fenômenos políticos mais proeminentes do século XX. A Tanzânia constitui até aqui o ápice da realização dos negros revoltosos, e é fundamental deixar claro, e não só para todos os negros de todo o mundo, o novo estágio político que o país alcançou. Mas primeiro é preciso ter alguma ideia do que vem acontecendo em outras áreas da realidade política dos negros e as reações ocorridas desde 1938.

II. ÁFRICA DO SUL

Desde a Segunda Guerra Mundial, nenhum outro regime do mundo (ou qualquer outro regime da história moderna, aliás) deixou mais claro qual é sua preocupação principal e permanente. Trata-se da repressão à crescente resistência revolucionária contra a exploração e opressão. A resistência dos milhões de negros em cujas costas o país sustenta sua sobrevivência e sua prosperidade. É esse o relato que o regime branco sul-africano registra dia-

---

6 No capítulo 9 do Livro de Josué, os gabaonitas, temendo serem massacrados pelo exército israelita (como haviam sido massacrados os habitantes de Jericó e Hai), usaram da astúcia e fizeram uma aliança com Israel a partir de uma mentira. Ao descobrir a verdade, Josué, líder dos israelitas, não pôde voltar atrás na aliança porque ela havia sido feita perante Deus. Deixou os gabaonitas vivos, mas amaldiçoados, transformados em servos: "Agora, pois, sois malditos e jamais cessareis de ser servos como rachadores de lenha e carregadores de água na casa do meu Deus". W.E.B. Du Bois faz a mesma citação no primeiro capítulo de seu *As Almas do Povo Negro* (São Paulo: Veneta, 2021).

riamente na história contemporânea, auxiliado pela neutralidade conivente da Europa e dos Estados Unidos e dos países fronteiriços com os quais busca construir e fortalecer sua defesa contra sua destruição política por parte de um continente africano independente e consciente.

Tudo o que se relatará aqui é o que costuma ser negligenciado, a pressão — a pressão social objetiva — que os negros sul-africanos, os mais desenvolvidos da África, exercem sobre os pontos vitais do regime vigente na África do Sul.

Um primeiro-ministro sul-africano, o sr. B.J. Vorster, deixou bem claro que o regime não tem a menor intenção de conceder direitos políticos aos negros das áreas urbanas. Em um discurso no Parlamento no dia 24 de abril de 1968, ele afirmou:

> Eles permanecem aqui porque não conseguem criar seus próprios empregos. Mas o fato de empregar essas pessoas não impõe obrigação nenhuma de garantir a elas direitos políticos no parlamento. Por acaso o fato de você trabalhar para determinado homem lhe dá o direito de tomar decisões sobre os negócios pessoais dele? [...] É verdade que existem negros trabalhando para nós. E continuarão trabalhando para nós por gerações, apesar de idealmente precisarmos nos separar deles por completo. [...]
>
> O cerne da questão é este; eles são necessários porque trabalham para nós, mas são pagos para fazer seu trabalho. [...] Mas o fato de trabalharem para nós não lhes dá o direito de reivindicar direitos políticos. Nem hoje nem no futuro [...] sob nenhuma circunstância nós podemos conceder a eles direitos políticos em nosso próprio território, nem agora nem nunca.

Isso é indicativo do medo que a África do Sul branca tem dos negros.

Qualquer tipo de análise das leis e políticas trabalhistas da África do Sul mostrará as intenções e as realidades quanto ao status dos negros nas áreas urbanas. Mais de 4 milhões de africanos vivem nas cidades. Apesar das medidas desesperadas para limitar o fluxo dos negros em direção à cidade, a população urbana africana dobrou entre 1945 e 1960, quando 3.471.233 deles foram contados no recenseamento. Ao longo de doze desses quinze anos notáveis, o governo nacionalista empreendeu grandes esforços para manter as raças separadas.

Para um entendimento melhor da situação, é preciso estudar a composição racial das treze principais áreas urbanas, listada na tabela que vem a seguir. Esses centros de atividade industrial e comercial foram designados como regiões "brancas", apesar de a população branca ser bem menor que a não branca.

A maior concentração industrial está em Witwatersrand, onde há duas vezes mais não brancos do que brancos, e os africanos sozinhos superam os brancos em mais de meio milhão de pessoas.

População das principais áreas urbanas em 1960 (números aproximados)

	Africanos	*Brancos*	*Pessoas de cor*	*Asiáticos*
Joanesburgo	650.912	413.513	59.467	28.993
Cidade do Cabo	75.200	305.155	417.881	8.975
Durban	221.535	196.398	27.082	236.477

O propósito da Lei das Áreas Urbanas é controlar o deslocamento dos africanos para as cidades; criar áreas separadas para acomodá-los; direcionar sua força de trabalho; e impor regulamentações estritas de controle e movimentação. Em resumo, a ideia é prover mão de obra negra para os brancos sem permitir que os negros adquiram direitos sociais, de moradia e outros direitos nos locais onde são empregados. Por mais que tentem, os brancos sul-africanos não têm como isolar ou circunscrever a população negra. A verdade pura e simples é que sem a participação da população negra a economia sul-africana desmoronaria.

Aqui temos alguns números, publicados pelo Movimento Antiapartheid em fevereiro de 1969.

População (meados de 1967)

	Números	*Porcentagem*
Africanos	12,75 milhões	68
Brancos	3,5 milhões	19
Pessoas de cor	1,75 milhão	10
Indianos	0,5 milhão	3

Entre as pessoas de cor, 88% vivem no Cabo. Entre os indianos, 83% vivem na Província de Natal[7]. Eles são proibidos de morar no Estado Livre de Orange.

Distribuição da população por raça nas quatro maiores cidades
(em porcentagem)

	Brancos	Africanos	Pessoas de cor	Indianos
Joanesburgo	36	56	5	3
Cidade do Cabo	38	9	52	1
Durban	29	32	4	35
Pretória	49	47	2	2

Foram criados três chamados estados africanos, Transkei, Ciskei e Tsuanalândia, rotulados como bantustões para criar uma noção de separação racial e nacional da África do Sul branca. Mas isso não é capaz de mitigar as pressões implacáveis que os negros sul-africanos exercem contra os brancos. As prisões, as torturas e as execuções agora são retribuídas com ações de guerrilha substancialmente justificadas. Uma coisa é certa. O regime vigente na África do Sul só pode continuar existindo se forem intensificadas a perseguição e a repressão brutal dos negros do país. A história como um todo e os elementos referentes a esse relato histórico específico indicam um final violento para esse regime em algum momento no futuro próximo.

III. ESTADOS UNIDOS

O ano de 1952 marcou a primeira vez em 71 anos em que não houve linchamento de negros. Mas isso não significa que corpos de homens negros considerados incômodos pelos brancos não tenham sido encontrados boiando em águas rasas, ou que homens negros não tenham desaparecido de tempos em tempos sem que seus parentes e amigos soubessem se migraram para o Norte ou se foram liquidados por brancos racistas. A

---

7 Leste da África do Sul, atual KwaZulu-Natal.

Associação Nacional para o Progresso de Pessoas de Cor (NAACP), uma organização predominantemente de classe média, composta por negros mas que também conta com simpatizantes brancos, concentrou-se na abolição da discriminação legal contra os negros e conquistou um sucesso notável. As disputas legais e as ações de massa foram se dando em reação umas às outras. O famoso boicote dos ônibus em Montgomery, no Alabama, começou em 5 de dezembro de 1955, e foi uma ação de um alcance e uma solidez sem precedentes, gerando uma onda que se tornou um vagalhão. Em 5 de junho de 1956, um tribunal federal decidiu que a segregação racial nos ônibus de Montgomery violava a Constituição norte-americana. Mais tarde nesse mesmo ano, a Suprema Corte manteve a decisão de uma instância inferior que bania a segregação nos ônibus. Liminares de tribunais federais proibindo a segregação foram entregues a autoridades dos governos municipal e estadual e aos dirigentes das empresas de ônibus em 20 de dezembro. Em grandes assembleias, os negros de Montgomery encerraram o boicote de um ano, e a integração nos ônibus passou a valer em 21 de dezembro.

O Congresso aprovou a Lei dos Direitos Civis de 1957, a primeira legislação desse tipo desde 1875. Nesse mesmo ano, o presidente Eisenhower, com óbvia relutância em tomar tal medida, enviou tropas federais a Little Rock, em Arkansas, para garantir a integração escolar na Central High School. Isso foi em 24 de setembro. Esses episódios podem ter parecido apenas exemplos excepcionais de lutas que no passado não foram conduzidas com muito empenho ou sequer levadas adiante, mas elas rapidamente se revelaram fatores motivadores da maior crise social nos Estados Unidos desde a Guerra Civil Americana.

Foram os estudantes negros que deram início à luta. Em 1º de fevereiro de 1960, quatro universitários da Carolina do Norte começaram um protesto de ocupação em um estabelecimento de comércio popular em Greensboro. Em 10 de fevereiro, o movimento já havia se espalhado por quinze cidades em cinco estados sulistas. Em março, mil estudantes da Universidade Estadual do Alabama saíram em passeata até o Capitólio estadual, onde realizaram uma assembleia de protesto. Em abril, o Comitê de Coordenação Estudantil Não Violenta (SNCC) foi organizado no campus da Universidade Shaw. Em maio, o presidente Eisenhower sancionou a Lei dos Direitos Civis de 1960, mas isso não foi grande coisa em comparação com o movimento de uma força tremenda que começava a se estabelecer entre os negros: as mobilizações populares em cidade após cidade; os grupos de "Viajantes da Liberdade", jovens negros de ambos os sexos que encaravam bombas, balas, chicotes e prisões pelo Sul, tanto oficiais como extraoficiais; os estudantes negros nas universidades; os jovens negros nas escolas. É preciso assinalar também que tanto a Nova Esquerda como os desafios à autoridade nos campi universitários por parte dos estudantes brancos surgiram como uma consequência direta da transformação dos protestos com reivindicações reformistas dos estudantes negros em manifestações de ação revolucionária.

Seria um equívoco tentar entrar em detalhes aqui sobre esses eventos e as figuras envolvidas. Mencionar alguns implica omitir e portanto discriminar os demais. É preciso afirmar, porém, que LeRoi James, Stokely Carmichael, Eldridge Cleaver, Rap Brown, Malcolm X, Martin Luther King e os Panteras Negras são nomes mais do que conhecidos não só entre os jovens dos Estados Unidos, mas também pelas populações brancas de todo o mundo. Verão após verão, testemunhamos grandes lutas conduzidas pelas populações negras, comandadas por líderes locais desconhecidos e obscuros. Talvez a mais significativa tenha ocorrido após o assassinato do dr. Martin Luther King, o líder negro mundialmente famoso. Os governantes norte-americanos posicionaram um cordão de tropas em torno da Casa Branca e dos prédios e áreas sob jurisdição federal em Washington. Em seguida abandonaram a cidade, a capital dos Estados Unidos, e a deixaram à mercê dos indignados e insurgentes negros, que compõem a maioria da população de Washington. E a grande questão é: o que mais o governo poderia ter feito?

É preciso registrar também o questionamento mais frequente e mais sério a esse respeito: algum governo é capaz de mobilizar a população branca, ou pelo menos sua grande maioria, em defesa do racismo contra os militantes negros? A única resposta legítima reside na continuidade ou no recuo da militância da população negra. Essa população conta com pelo menos 30 milhões de pessoas, estrategicamente situadas no coração de várias das cidades mais importantes dos Estados Unidos. Se a população negra continuar a resistir, com uma juventude ativa e militante e uma classe média simpatizante ou neutra, a repressão física da luta dos negros contra o racismo implicará a destruição dos Estados Unidos da maneira como foram constituídos e mantidos desde 1776.

IV. CARIBE

O Caribe compreende uma pequena região onde britânicos e franceses governaram por séculos, e onde atualmente um ou dois territórios britânicos conquistaram aquilo que costuma ser chamado de independência. Existem comentários a tecer sobre esses territórios importantíssimos, mas diminutos em termos de escala mundial.

Em primeiro lugar, apenas em tempos recentes um estudioso britânico, Sir Richard Pares, em uma obra intitulada *Merchants and Planters*, deixou claro que desde meados do século XVIII os escravos eram os grandes responsáveis pela operação dos engenhos de açúcar que eram a fonte de tanta riqueza e que contribuíram de forma tão substancial para o progresso dos países desenvolvidos. O livro é um estudo sobre o Caribe, e foi publicado pela Sociedade de História Econômica da editora da Universidade de Cambridge. Pares assinala que:

> "[...] em todos os inventários encontrados nos arquivos nas Índias Ocidentais é comum que a moenda, os tachos, o alambique e as construções componham mais de um sexto do capital total; na maioria dos engenhos, esse número se aproxima mais de um décimo. De longe, os maiores contribuintes para o capital eram o valor dos escravos e os canaviais plantados com seu trabalho".

Portanto, o principal capital (por volta de 1760) dos engenhos de açúcar estava concentrado no trabalho dos escravos e nas terras que eles cultivavam. Diversos economistas já fizeram diversos estudos sobre as Índias Ocidentais, mas não sabem que o verdadeiro valor dessas preciosas unidades econômicas estava vinculado aos escravos e à terra que desenvolveram com sua mão de obra. Isso é um fato que escapa à percepção de todos, a não ser desse estudioso inglês.

Pares complementa: "Mas, quando observamos de perto, descobrimos que o capital industrial exigido era muito maior que um sexto do valor total. Com a moenda, os tachos e o alambique vinham um exército de especialistas — quase todos escravos, mas que nem por isso deixam de ser especialistas".

Havia um exército de escravos, mas eram uma mão de obra especializada. Essa economia poderosa, que produziu tanta riqueza, em especial para a sociedade britânica, estava a cargo dos escravos. Pares assinala bem esse ponto: "Eles não só eram numerosos como, por causa de sua qualificação, eram muito valorizados. Se acrescentarmos seu custo ao das ferramentas e dos maquinários que usavam, descobrimos que o capital industrial dos engenhos, que sem isso sequer poderiam ser considerados engenhos, era provavelmente não muito inferior à metade de seu capital total".

Pares obviamente considera necessário reiterar aquilo que sem dúvida não encontrou nos estudos anteriores. "Mas, quando examinamos as especificações sobre os negros, encontramos tantos tacheiros, pedreiros, carroceiros, moendeiros etc., que não podemos confiar muito em nossas categorizações, em especial quando vemos indivíduos sendo descritos como um 'excelente tacheiro e lavrador negro'".

Assim fica claro que por volta de 1766 os negros eram os grandes responsáveis pelos engenhos. Um homem é descrito como excelente tacheiro e lavrador negro, o que nos impede de fixar pessoas como ele em um ou outro setor da produção. Além de executar o trabalho braçal na lavoura, ele também cumpria uma função técnica essencial. A questão se torna ainda mais complexa quando se leva em conta o fato de que os trabalhos especializados eram entregues aos doentes e aos feridos. Os doentes ou feridos eram deslocados para funções técnicas, o que nos leva à questão da rápida disseminação do trabalho qualificado.

Isso proporciona uma perspectiva bem diferente sobre a civilização estabelecida nas Índias Ocidentais bem antes da Revolução Francesa de 1789. Nos Estados Unidos, o trabalho qualificado era em geral o espaço de atuação dos brancos. No Caribe, não existiam trabalhadores brancos. Há outras evidências em outras fontes que parecem legitimar a afirmação de que os escravos eram a base da sociedade. Sem eles, a sociedade entraria em colapso. Esse fato fica perfeitamente claro em determinados escritos sobre Trinidad e Tobago.

Foi através desse processo que os habitantes dessas ilhas caribenhas adquiriram um domínio notável dos avanços técnicos da civilização ocidental. O preconceito racial, no entanto, continua a ser de forma sutil, e às vezes não tão sutil, uma característica predominante na estrutura social das ilhas. O que aconteceu foi que, sem a presença dos nativos (os ameríndios haviam sido todos exterminados), os negros foram obrigados a dominar a linguagem e as técnicas da civilização ocidental, o que fizeram com uma habilidade notável. A luta pela independência dos africanos e dos negros é marcada por indivíduos destacados de origem caribenha: René Maran, ganhador do Prêmio Goncourt em 1921 com o romance *Batouala* e seu retrato da degradação francesa dos povos africanos na África, onde ele serviu como funcionário público; Marcus Garvey, George Padmore, Frantz Fanon, Aimé Césaire, Stokely Carmichael... Mas esse domínio de determinados aspectos da civilização ocidental só pode ser exercido por completo na Europa Ocidental e nos Estados Unidos, pois os imperialistas continuam a dominar, como tem sido desde o início, a economia e as finanças desses territórios. A única diferença é que hoje os negros administram os interesses dos imperialistas. Trata-se de uma situação altamente explosiva. Embora a economia seja mantida nos moldes do imperialismo do século XVIII, completamente dominada pelas potências estrangeiras, a população é uma população moderna, uma população do século XX, que domina a linguagem e as técnicas da civilização ocidental e que se encontra em um estágio avançado de desenvolvimento em razão da extensão diminuta das ilhas e das relações próximas entre os trabalhadores qualificados dos ambientes urbano e rural. Houve uma tentativa de estabelecer uma federação nas ilhas britânicas, e a Grã-Bretanha se mostrou ansiosa para se desvencilhar da responsabilidade sobre esses territórios, já que o mar do Caribe hoje é dominado pelos norte-americanos. Mas a federação se esfacelou. O motivo é bem simples: uma federação implicaria que as relações econômicas não se dariam mais através de Londres, a antiga metrópole financeira e econômica desses territórios. As novas relações econômicas teriam que ser estabelecidas entre as próprias ilhas. No entanto, isso envolveria o rompimento com o velho sistema colonial. Os políticos das Índias Ocidentais preferiram o desmantelamento da federação.

A situação nas ilhas, o que prevalece por lá e o que pode eclodir a qualquer momento, tudo isso fica claro com a revolta ocorrida em 1969 em Curaçao, dominada pelos interesses da indústria petrolífera holandesa.

O que aconteceu foi uma revolta de trabalhadores e jovens desempregados, que incendiaram propriedades comerciais de valores estimados entre 15 e 40 milhões (em moeda holandesa). Na superfície, foi uma rebelião espontânea contra a Westcar, uma subcontratada da Shell, que promoveu reduções salariais e demitiu trabalhadores. Porém, a greve que veio a seguir se espalhou para a Shell, responsável por mais de 90% da renda nacional. Os trabalhadores saíram em passeata e, quando os manifestantes se defrontaram com um destacamento armado da polícia, o conflito se iniciou.

Com isso, trezentos presos políticos foram mandados para a penitenciária. De acordo com a legislação local, eles podem ser mantidos lá por até dois anos se necessário, enquanto seus casos são investigados.

Nominalmente, a "paz" teria sido estabelecida com a chegada de seiscentos fuzileiros navais holandeses, mas não em 1969. Uma paz precária só foi assegurada de fato com a renúncia do governo do Partido Democrata local, que estava no poder havia catorze anos. Diante de uma revolução, os governantes foram forçados a convocar novas eleições. Os líderes da Frente da Classe Trabalhadora afirmam claramente que, se o Partido Democrata for reeleito, os eventos de maio se repetirão, e com um nível de destruição muito maior.

Herbert Specer, presidente da Federação dos Trabalhadores Petroleiros, declarou a verdade mais óbvia: "Em última análise, o significado da revolta de maio é que o povo quer mudanças, e que se não conseguir isso tudo pode acontecer". Por menores que sejam, em razão de sua origem histórica e seu desenvolvimento, as ilhas do Caribe podem oferecer contribuições econômicas e políticas significativas em um mundo em ebulição. Foi exatamente isso o que fez Cuba com Fidel Castro.

V. "SEMPRE A PARTIR DA ÁFRICA"

Por várias centenas de anos, na verdade quase (mas não exatamente) desde o início do contato entre a civilização ocidental e a África, tem sido praticamente um costume universal tratar as realizações, as descobertas e as criações dos africanos como se a civilização ocidental fosse a norma e o povo africano tivesse passado o tempo todo imitando, tentando se equiparar ou, pior ainda, atravessando os estágios primitivos já superados pelo mundo ocidental. Portanto, antes de estabelecer a perspectiva histórica, vamos colocar aqui da forma mais direta possível os feitos históricos que estão ocorrendo hoje nos Estados africanos.

Primeiro, o governo da Tanzânia nacionalizou os principais componentes da vida econômica nacional dentro de seu território. Embora seja importante e necessário, isso não é suficiente para criar uma nova sociedade. A nacionalização indica cada vez menos o estabelecimento de uma nova sociedade — hoje até ditaduras militares de direita (Peru) e a hierarquia católica (com as bênçãos do papa) estão dispostas a conduzir nacionalizações e até confiscos. O governo da Tanzânia foi além. Na Declaração de Arusha de 29 de janeiro de 1967, o objetivo é estabelecer um novo tipo de representante do governo:

PARTE CINCO: A RESOLUÇÃO DE ARUSHA

Portanto, o Comitê Executivo Nacional, reunido no Centro Comunitário de Arusha de 26/01/1967 a 29/01/1967, toma a seguinte resolução:

A. LIDERANÇAS

Todo líder do TANU e do Governo deve ser ou um Camponês ou um Trabalhador, e não pode ser associado de forma nenhuma às práticas do Capitalismo ou Feudalismo.

Nenhum líder do TANU ou do Governo pode ser acionista de alguma companhia.

Nenhum líder do TANU ou do governo pode ocupar cargos de Diretoria em empreendimentos privados.

Nenhum líder do TANU ou do Governo pode ser proprietário de casas que aluga para terceiros.

Para os propósitos desta Resolução, o termo "líder" abrange o seguinte: Membros do Comitê Executivo Nacional do TANU; Ministros, Membros do Parlamento, Funcionários Graduados de organizações afiliadas ao TANU, Funcionários Graduados de organizações paraestatais, todos aqueles nomeados ou eleitos sob qualquer cláusula da Constituição do TANU, Conselheiros, e Funcionários Públicos de alto e médio escalão. (Nesse contexto "líder" significa um homem, ou um homem e sua esposa; uma mulher, ou uma mulher e seu marido).

Essa resolução provavelmente excluiria 90% daqueles que fazem parte de governos e setores da administração pública em outras partes do mundo, tanto do desenvolvido como do subdesenvolvido. O governo pretende criar um novo tipo de sociedade, com base não em teorias ocidentais, e sim nas circunstâncias concretas da vida africana e seu passado histórico.

Talvez a mudança mais revolucionária de todas seja a intenção de reconstruir por completo o sistema educacional, de modo a formar crianças e jovens, em particular os jovens do ensino secundário, para a nova sociedade que o governo da Tanzânia quer criar. A simplicidade com que o dr. Nyerere comunica as propostas de seu governo esconde o fato de que nem mesmo em Platão, Aristóteles, Rousseau ou Karl Marx é possível encontrar rompimentos tão radicais e revolucionários com a ordem educacional vigente.

Junto com a mudança na elaboração do currículo é preciso haver uma transformação paralela e integrada na maneira como nossas escolas são administradas, para transformar essas instituições e seus integrantes em participantes efetivos de nossa sociedade e nossa economia. Na verdade, as escolas devem se tornar comunidades — e comunidades que praticam o preceito da autossuficiência. Os professores, trabalhadores e alunos devem ser todos membros de uma unidade social da mesma forma que pais, parentes e crianças formam a unidade social familiar. É preciso haver o mesmo tipo de relação entre alunos e professores dentro da comunidade escolar que existe entre filhos e pais na aldeia. E a comunidade escolar deve ter a consciência, assim como existe na aldeia, de que sua vida e seu bem-estar dependem da produção de riqueza — pela agricultura e outras atividades.

Isso significa que as escolas, em especial as escolas secundárias e outras formas de educação mais avançada, devem contribuir para seu próprio sustento; devem ser comunidades econômicas além de comunidades sociais e educacionais. Cada escola precisa ter, como parte integrante, uma lavoura ou manufatura que garanta o alimento consumido pela comunidade e dê uma contribuição para a renda nacional.

Não se trata de uma sugestão de que uma lavoura ou manufatura escolar deve ser incorporada a cada escola para fins de treinamento. Trata-se de uma sugestão de que cada escola deve ser também uma lavoura; de que a comunidade escolar é composta de pessoas que são tanto professores como agricultores, e alunos e agricultores. Obviamente, se existe uma lavoura escolar, os alunos que trabalham nela devem aprender as técnicas e os trabalhos da agricultura. Mas a lavoura precisa ser uma parte integrante da escola, e o bem-estar dos alunos deve depender de sua produção, assim como o bem-estar do agricultor depende da produção de suas terras. Assim, quando esse sistema estiver em operação, o orçamento da escola não seria como se apresenta atualmente: "Verba do governo...; Verba da agência de voluntários ou outra instituição de caridade...". Seria assim: "Receita com a venda de algodão (ou qualquer outra safra comercial apropriada para a região)...; Valor do alimento cultivado e consumido...; Valor do trabalho executado pelos alunos em novas instalações, reparos, equipamentos etc....; Subvenção do governo...; Verba de...".

Talvez nada revele de maneira mais clara o rompimento radical, revolucionário e total com os costumes e o pensamento ocidental do que a nova postura dos agricultores tanzanianos. Alguns deles seguiram o conselho dado aos produtores rurais africanos de forma oficial e extraoficial pelos ocidentais: com boas intenções em relação a eles e seu país, incentivaram suas iniciativas individuais, essencialmente capitalistas. Seguindo essa orientação, os agricultores de certos distritos da Tanzânia (em particular nas encostas do monte Kavirondo) implementaram esse tipo ocidental de agricultura com sucesso. Vejamos agora a abordagem econômica, na verdade política, do governo tanzaniano em relação a esse tipo de produtor rural. Ao escrever sobre a Tanzânia "após a Declaração de Arusha", o dr. Nyerere descreve a comunidade socialista cooperativa que o país busca. Ele continua:

> É esse o objetivo. Está afirmado claramente, e de forma extensiva, no documento em que estão registradas essas políticas. Devemos entendê-lo para sabermos pelo que estamos trabalhando. Temos um longo caminho pela frente.
>
> Pois o que vem acontecendo nos últimos anos é bem diferen-

te. Não estamos ampliando e modernizando nossa unidade familiar tradicional, e sim abandonando-a em detrimento da agricultura capitalista de pequena escala. Muitos de nossos agricultores mais dinâmicos e esforçados, em especial os que possuem mais iniciativa e vontade de aprender novas técnicas, estão se lançando em iniciativas individuais. Não estão ampliando suas propriedades se aliando a outros em um espírito de igualdade, mas contratando mão de obra. Portanto, por um lado estamos iniciando o desenvolvimento de uma classe trabalhadora rural, e por outro o de uma classe empregadora mais rica. Felizmente, esse desenvolvimento ainda não avançou muito; podemos interromper essa tendência sem dificuldade. Mas não podemos promover essa mudança perseguindo os agricultores progressistas; afinal, nós os incentivamos a tomar a direção que tomaram! Em vez disso, precisamos buscar sua cooperação e integrá-los à nova agricultura socialista mostrando que seus interesses vão ser mais bem atendidos com esse desenvolvimento. Pois o esforço e a iniciativa desses agricultores se mostraram muito importantes para nosso progresso. Nós precisamos dessas pessoas.

Isso é uma novidade na história do pensamento político. As aldeias cooperativas que se pretende estabelecer são chamadas de Ujamaa, e o dr. Nyerere se refere como socialismo a essa nova tentativa de criar uma nova sociedade. Em nossa visão, ele tem esse direito, e para que haja o devido respeito pelo esforço que o governo tanzaniano está fazendo é preciso relacioná-lo aos conceitos tradicionais e contemporâneos de socialismo.

Em primeiro lugar, ninguém acredita que aquilo que existe na Rússia e no Leste Europeu seja, em qualquer acepção da palavra, socialista — ou seja, uma sociedade que atingiu e continua a buscar um estágio ainda mais abrangente de liberdade, igualdade e fraternidade, com relações sociais mais elevadas do que as estabelecidas nas mais avançadas democracias parlamentares. Isso é o socialismo, ou então o que se tem é algo ainda pior do que a decadência capitalista, e, portanto, uma fraude consciente e deliberada. Ou, o que é ainda pior e mais lamentável, certos novos Estados africanos, ansiosos para se livrar do estigma capitalista, inventaram uma nova categoria intitulada socialismo africano. Vale registrar aqui a exposição desse socialismo africano por parte de um Estado recém-independente.

ADAPTABILIDADE

15. O Socialismo Africano deve ser flexível porque os problemas que enfrentará e os recursos e desejos do povo mudarão com o tempo, muitas vezes de forma acelerada e substancial. Um sistema rígido e doutrinário terá pouca chance de sobreviver. O sistema deve:

(i) progredir na direção de objetivos maiores; e
(ii) resolver os problemas mais imediatos com eficiência.

16. Por mais urgentes que sejam os problemas mais imediatos, o progresso na direção de objetivos maiores será a principal consideração. Em particular, a igualdade política, a justiça social e a dignidade humana não serão sacrificadas para obter avanços materiais mais rapidamente. Tampouco esses objetivos serão comprometidos hoje com base na tênue esperança de que possam ser reinstituídos mais extensivamente em algum futuro desconhecido e distante.

Quando houve um Estado, desde os tempos de Adão e Eva, que não proclamou que tinha objetivos maiores sem perder de vista as necessidades imediatas? Isso não é socialismo. É conversa fiada. Não é africano. É discurso vazio e burocrático, que estamos mais do que acostumados a ouvir na boca de falsários tanto em países avançados como em subdesenvolvidos — uma tentativa ousada por parte dos recém-chegados de tentar dar uma nova roupagem a uma velha realidade.

Muito mais importante que essa falsificação é o reconhecimento por parte do presidente Kaunda[8], da Zâmbia, de que a tentativa de simplesmente

---

8 Kenneth Kaunda (1923-2021) tornou-se o primeiro presidente da Zâmbia em 1964 e deixou o cargo em 1991.

macaquear os costumes europeus, que levou a tamanhos desastres na África, não só deve ser rejeitada mas que igualmente existem novos caminhos africanos a ser explorados. Em um escrito com o significativo título de *Humanism in Zambia*, o presidente Kaunda afirma:

> Este é um ponto-chave, pois se a distribuição de riquezas não for feita apropriadamente, pode levar à criação de classes em uma sociedade, e a tão estimada abordagem humanista que é tradicional e inerente à nossa sociedade africana sofreria um golpe fatal. Se isso acontecesse, o mundo como um todo, e a África em particular, se tornaria mais pobre. Pois nesse caso teríamos "os que têm" e "os que não têm". Politicamente, criar-se-ia espaço para partidos de oposição baseados no conceito de "oprimido" e "opressor", o que mais uma vez não estaria de acordo com a sociedade aqui descrita; uma sociedade em que o chefe é um líder eleito ou nomeado pelo povo, que controla a propriedade nacional, como a terra, em custódia para o povo e tem plena consciência de sua responsabilidade para com a população. Ele saberia também que sua manutenção no poder dependeria da vontade do povo.

O que o presidente Kaunda deseja demonstrar é a importância para os africanos de uma ruptura com as ideias dos bons samaritanos europeus de que o progresso da África depende primeiramente da educação de um pequeno número de africanos e então da ampliação para camadas cada vez maiores, para gradualmente (e sem uma pressa exagerada) educar mais e mais nativos africanos para os esforços capitalistas e o domínio moderado da democracia parlamentar. A rejeição desse conceito por ele é total:

> Aqui devemos questionar mais uma vez que efeito os níveis cada vez maiores de especialização terão sobre nossa tão estimada sociedade tradicional em nosso país. Essa especialização leva as pessoas a se apoiar em novos grupos dentro da sociedade. Em outras palavras, pessoas com interesses em comum se agrupam, em parte pelo compartilhamento de interesses e em parte como uma forma de promover e proteger o bem-estar de seu grupo. Por exemplo, um carpinteiro dar-se-á conta de que seus interesses não são os

mesmos de um produtor rural de safras comerciais. Um professor descobrirá que seus interesses são diferentes dos de um mineiro. E assim toda uma lista de diferentes interesses pode surgir. A questão é que tudo isso dá origem a uma nova tendência desintegradora. Isso, como podemos ver, cria uma divisão na sociedade tradicional anteriormente descrita como uma sociedade de ajuda mútua que constitui uma comunidade acolhedora e inclusiva.

Apesar do baixo nível de desenvolvimento dos Estados africanos, essa nova concepção africana do futuro do continente diz respeito não somente ao futuro, mas também encontra raízes profundas no passado.

O presidente Kaunda insiste nessa questão:

A comunidade tradicional era uma sociedade de ajuda mútua. Era organizada para satisfazer às necessidades humanas básicas de seus membros e, portanto, o individualismo não era incentivado. A maior parte dos recursos, como a terra, poderia ser de propriedade coletiva e administrada por chefes e líderes de aldeias para o benefício de todos. Se, por exemplo, um aldeão precisasse de uma nova cabana, todos os homens iriam à floresta buscar troncos para armar a estrutura e trariam palha para o telhado. As mulheres poderiam se responsabilizar por fabricar o barro para recobrir as paredes e duas ou três delas sem dúvida fabricariam um pouco de cerveja para que todos os trabalhadores se refrescassem depois de um dia de trabalho de muito suor, mas também bastante satisfatório. Nesse mesmo espírito, os que são aptos para o trabalho se responsabilizariam pelos cuidados e pela colheita nas hortas dos doentes e enfermos.

Esse novo reconhecimento, característico da Tanzânia e agora da Zâmbia, não vira as costas para a modernização necessária para o mundo atual. Mais uma vez, deixemos que o presidente africano assuma a palavra: pelo que foi citado anteriormente, fica claro que não é possível esperar o retorno à sociedade centrada no bem-estar do homem sem um planejamento bastante cuidadoso. E nesse sentido nada é mais importante do que as instituições de aprendizado.

Aqui o modelo adotado é, ou precisará ser, o que foi delineado com tanta clareza pelo dr. Nyerere. Esse é o cerne da questão. E os recém-independentes Estados africanos estão em situação de tamanha crise que o sucesso da Tanzânia e os grandes passos na direção do progresso tomados na acossada Zâmbia podem abrir um novo caminho para a África — a mobilização da população africana para construir uma sociedade africana à maneira africana.

Seria um grande equívoco não esclarecer como a realidade se relaciona com — e inclusive leva adiante — os estágios mais avançados atingidos até aqui pelo pensamento político ocidental. Lênin não alimentava ilusões quanto à Revolução Russa. Ele sabia que o socialismo nos moldes marxistas era impossível na Rússia que conhecia, e em 1923 estava abandonando essa ideia. Em seus últimos dias, voltou-se cada vez mais para dois aspectos e necessidades importantes do país que insistia em chamar de Rússia Socialista, apesar de a imensa maioria da população russa ser composta por camponeses analfabetos. O Estado soviético, ele insistia nesses seus últimos dias, não era novo. Por trás da terminologia marxista e da vitrine representada pelo proletariado, estava o mesmo Estado czarista — nem ao menos um Estado burguês, mas um "Estado de burocratas e servos". Suas propostas para alterar essa situação não precisam ser citadas aqui. Basta saber que o dr. Nyerere compreendeu o Estado colonialista reacionário e burocrático que herdou, e avançou mais do que qualquer um na determinação de romper com essa ordem e criar um novo tipo de Estado.

Lênin também sabia melhor do que qualquer um que o representante do Estado soviético precisava deixar de lado a teoria e ir trabalhar pessoalmente com os atrasados camponeses russos. Naquela que talvez seja a mais inspiradora de suas muitas declarações sobre o que o povo precisava dos integrantes marxistas do governo, ele diz:

> Menos discussões sobre palavras! Ainda temos muito desse tipo de coisa. Mais variedade de experiências práticas e mais estudos sobre essas experiências! Sob determinadas condições, a organização exemplar do trabalho local, ainda que em pequena escala, tem uma importância nacional muito maior do que muitos ramos de trabalho do Estado centralizado. E são exatamente essas as condições em que nos encontramos no presente momento em

relação ao trabalho dos camponeses em geral, e em relação à troca dos excedentes da agricultura pelos produtos manufaturados da indústria em particular. Uma organização exemplar a esse respeito, mesmo em um único *volost*, é de importância nacional muito maior do que o aprimoramento "exemplar" do aparato centralizado de qualquer Comissariado do Povo; pois três anos e meio de esforços nesse sentido nos levaram a uma certa inércia prejudicial; nós não temos como promover um aprimoramento acelerado em nenhuma medida, não sabemos como fazer isso. O auxílio para um aprimoramento mais radical do aparato, um novo fluxo de forças renovadas, o auxílio para um esforço bem-sucedido contra a burocracia, para superar essa inércia prejudicial, deve vir das localidades, dos estratos mais baixos, com a organização exemplar de um pequeno "todo", precisamente de um "todo", ou seja, não de uma única fazenda, de um único ramo da economia, mas da *soma total* das trocas econômicas, mesmo que seja a de uma pequena localidade.

Aqueles entre nós que estão condenados a continuar a trabalhar no Estado centralizado darão continuidade à tarefa de aprimorar o aparato e expurgar a burocracia, mesmo que em proporções modestas e imediatamente exequíveis. Mas o grande auxílio para essa tarefa está vindo, e seguirá vindo, das localidades.

Vale ressaltar em especial uma das últimas frases: "nós que estamos condenados". Lênin queria ir trabalhar entre os camponeses. O grande marxista teria compreendido a concepção profundamente socialista e humanitária que levou o dr. Nyerere a destroçar o velho sistema educacional e substituí-lo por uma abordagem verdadeiramente socialista e humanista para a juventude da Tanzânia. Em uma conversa com o dr. Nyerere, este autor (depois de ler seus escritos) chamou sua atenção para essa passagem e para o que Lênin estava tentando ensinar em 1923. O líder africano respondeu que não conhecia essas palavras — ele mesmo havia chegado a essa conclusão junto com seu povo.

É desnecessário dizer qualquer coisa além do fato de que não se viu nada parecido no pensamento socialista desde a morte de Lênin, em 1924, e que a profundidade, o alcance e as repercussões que surgem a partir disso vão muito além da África. Essas ideias são capazes de fertilizar e reanimar a câmara mortuária em que se encontram as teorias e práticas socialistas nos países avançados. "O marxismo é um humanismo" é uma inversão da verdade. Os africanos que estão construindo uma sociedade humanista mostram que hoje todo humanismo está em estreita harmonia com as concepções e os objetivos originais do marxismo.

C.L.R. JAMES NA MIRA DO BRASIL: O INTERNACIONALISMO NEGRO NA LUTA CONTRA O CAPITAL

Marcio Farias

I

No início dos anos 2000, a editora da Universidade Federal da Bahia editou o livro *O Brasil na Mira do Pan-Africanismo*, reunindo duas obras clássicas do pensamento social brasileiro escritas por Abdias do Nascimento: *O Genocídio do Negro Brasileiro* e *Sitiado em Lagos*, ambas em sua segunda edição.

Os dois livros, originalmente lançados em fins da década de 1970 e início da década de 1980, representam um momento de salto qualitativo da luta contra o racismo no Brasil, na medida em que denunciam o lastro de exploração e violência ao qual a população negra ainda estava submetida no Brasil. Também expressam um momento de maturidade teórica e política do movimento negro brasileiro, fator que colocará o país posteriormente na vanguarda da luta antirracista internacional. Assim, Abdias, junto com Lélia Gonzalez, Clóvis Moura, Beatriz Nascimento, Hamilton Cardoso, Thereza Santos, Yedo Ferreira, Joel Rufino e tantos outros e outras intelectuais forjam um pensamento original e perspicaz.

No campo do ativismo, a luta contra o racismo ao longo do século XX no país promoveu uma contra-hegemonia que só ganhou espaço amplo em 1978 quando do ressurgimento do movimento negro organizado em pautas políticas. Antes, no início do século, os jornais *O Menelick*, *O Clarim da Al-*

vorada, entre outros, foram trabalhos de escrita e comunicação engajadas que partiam da experiência imediata de negros e negras brasileiros e propunham mudanças frente à sua situação nos idos dos anos de 1920 e 1930. As experiências de jornais colaborativos da comunidade negra culminaram no surgimento da Frente Negra Brasileira, que chegou a se tornar partido, com um número amplo e significativo de associados. No conteúdo dos jornais que precederam a Frente Negra e mesmo no veículo oficial da entidade, as questões eram debatidas a partir de uma perspectiva integracionista.

A primeira contestação dessa perspectiva, o Teatro Experimental do Negro (TEN) propunha a reelaboração por meio do teatro, para que negros e negras da classe trabalhadora pudessem representar algo diferente do cotidiano imediato e projetassem outras vivências. Na ponta de lança do TEN, dois eminentes intelectuais: de um lado, Guerreiro Ramos e sua participação como intelectual não só na denúncia do racismo, como também em suas contribuições para o projeto do Brasil desenvolvimentista então em voga. Do outro, Abdias do Nascimento é o sujeito-síntese da integração da luta antirracista brasileira com suas congêneres internacionais.

O Brasil na Mira do Pan-Africanismo permitiu um lastro maior para se pensar o ativismo negro brasileiro, as várias correntes do pan-africanismo, o movimento negritude, o movimento consciência negra sul-africano, a luta pelos direitos civis nos EUA, as guerras por libertação no continente africano e as primeiras expressões de lutas de imigrantes africanos no continente europeu, todas elas referências para o antirracismo brasileiro da segunda metade do XX. E é aqui que o Brasil, ao mirar o pan-africanismo, encontra Cyril Lionel Robert James.

Nascido em Trinidad e Tobago no ano de 1901, James foi jornalista, escritor e teórico de orientação marxista. Autor de vasta produção, escreveu obras antológicas, dentre as quais *A History of Pan-African Revolt*, originalmente publicada em 1938 e relaçada em versão expandida em 1969.

Clássico do pensamento político, neste trabalho, James analisa as condições históricas e contemporâneas da luta internacional antirracista.

II

Neste contexto, o internacionalismo negro, como o próprio James adverte, vivia uma nova condição: a África se libertava politicamente do jugo colonial — ainda que persistisse a dependência econômica — na antessala da reestruturação produtiva do capital, que impôs uma agenda austera e brutal aos que vivem do trabalho. Na diáspora, a emergente classe média negra não suplantava a existência do proletariado negro que vivia com baixos rendimentos. Pior, o fim do ciclo de ouro nos centros dinâmicos remodelava o capitalismo administrado para um estado policial e punitivo. No caso das massas negras que viviam na Inglaterra, França e Estados Unidos essa não era necessariamente uma nova circunstância; ainda assim, os dilemas antigos ganhavam novos vultos. Essa configuração do Estado neoliberal de extração punitivista encontra no Brasil uma realidade já marcada secularmente por superexploração, informalidade, pauperização e conflito.

Por isso, as iniciativas de congregação da luta antirracista internacional permaneceram ativas ao longo das décadas de 1960 e 1970. Os destaques são: o 6º Congresso Pan-Africanista ocorrido em Dar es Salaam na Tânzania, depois oposto pelo 1º Congresso Integral da União de Escritores dos Povos Africanos, realizado em Dakar, no Senegal, em 1976, e o Festival Mundiais de Arte Negra — sobretudo o de 1977, na cidade de Lagos, Nigéria. Neles, tanto Abdias do Nascimento como C.L.R. James tiveram destaque.

James, já um veterano, foi um dos principais articuladores do 6º Congresso Pan-Africanista, o primeiro a ocorrer em território africano. Dos cinco congressos anteriores, o destaque do 5º é evidente na medida em que em 1945, na cidade inglesa de Manchester, reuniram-se intelectuais, sindicalistas e militantes que tiveram papel destacado na luta antirracista em seus territórios. George Parmore, Kwame Nkrumah e C.R.L. James são apenas alguns nomes de vulto que estavam presentes naquela importante e célebre reunião do internacionalismo negro. É digno de nota que em nenhum dos congressos ocorridos entre 1900 e 1945 houve a participação de um delegado brasileiro, exceto no 6º Congresso, que contou com a participação de Abdias.

No autoexílio desde 1964, quando da instalação da ditadura burgo--militar no Brasil, Abdias vivia nos Estado Unidos, onde expandiu suas articulações políticas e há um só tempo absorveu elementos do internacionalismo negro, bem como começou a colocar a luta da população negra brasileira no mapa do pan-africanismo. É assim que tem contato com C.L.R. James. Quando dos eventos preparatórios para o 6º Congresso, ocorridos em Kingston na Jamaica, em 1973, Abdias qualifica a compreensão dos internacionalistas negros sobre como operava o racismo brasileiro e quais foram as estratégias de luta utilizadas pelos africanos e seus descendentes ao longo da história do Brasil. Neste contexto, as teses daquilo que Abdias chamara de Quilombismo — uma proposta de emancipação dos povos negros de todo o mundo a partir da valorização da experiência africana e da diáspora — começavam a ganhar contornos mais definitivos.

James, por sua vez, atento ao novo cenário que coloca a experiência negra brasileira como uma das mais importantes lutas locais contra o racismo, assevera, junto com Roosevelt Brown, outro importante articulador das etapas preparatórias para o 6º Congresso, a necessidade de reservar um painel de dia inteiro na programação do evento para discutir a situação do negro brasileiro.

No entanto, o 6º Congresso foi tomado pelo espírito de disputa pela hegemonia que encampou uma divisão política reinante no espectro mundial. Frente às tomadas de decisões da cúpula anfitriã do evento — da qual participava o importante Julius Nyerere, que teve papel oscilante quando da organização e depois na realização do evento — e por diferenças políticas, James decide não participar e boicota o Congresso.

Pouco mais de um ano depois, em 1976, James e Abdias participam do Primeiro Congresso Integral da União de Escritores dos Povos Africanos, em Dakar, no Senegal. Abdias novamente se destaca, explicitando ao mundo o racismo à brasileira. James, por sua vez, ao fazer um balanço dos congressos pan-africanistas, reitera uma posição anticolonialista e anti-imperialista, confrontando — em suas palavras — uma elite africana ocidentalizada e burguesa, e apontando como saída uma atenção do internacionalismo negro às lutas do campesinato africano, bastião da continuidade do combate contra a opressão no território africano. Também assinala a importância das lutas feitas pelas frações urbanas do operariado negro, marginalizadas mundo afora. Nesse aspecto, James reivindica a produção da escritora brasileira Carolina Maria de Jesus como um exemplo de que a massa possuía relativa autonomia frente à burocratização dos instrumentos políticos que outrora se afirmavam como vanguarda. O Brasil estava, portanto, na mira do pan-africanista C.L.R. James.

III

Agora, ainda que Abdias tenha sido um dos principais articuladores da luta antirracista brasileira com o internacionalismo negro, não foi ele o único, naquela ocasião, a mirar James. Havia outros desígnios que aproximavam o intelectual caribenho do pensamento negro brasileiro daquele período. O país vivenciava uma ditadura burgo-militar que intensificou o processo de expansão capitalista à custa da superexploração da grande massa trabalhadora — em sua maioria negra — mas que, contraditoriamente, forjou, de um lado, um operariado que entrava numa nova fase de tomada de consciência e, de outro, uma pequena fração de setores medianos, com curso técnico e superior. Nessa franja mediana, ainda que incipiente, emergiu uma classe média negra, com um núcleo de *intelligentsia* que vivencia, em outra esfera, os desígnios da raça no Brasil: o negro emparedado ao não ser reconhecido como membro de sua nova classe social pelo seu pertencimento racial. Assim, esse grupo se volta à comunidade de origem como reduto e redenção no enfrentamento ao racismo. Havia também a franja negra que atuava em sindicatos e partidos. Esse processo se assemelha àquilo que James analisou em seu clássico *Jacobinos Negros* sobre as correlações de força das classes em luta quando da Revolução Haitiana: o papel da identificação racial na conformação da solidariedade entre escravizado camponês e *intelligentsia* urbana formada por profissionais liberais e do funcionalismo público.

Assim, "o Haiti é aqui" brasileiro se moldava sob as seguintes características: a proposta de integração aos moldes anteriores não dava mais conta do projeto antirracista. Se antes a ideia era pensar e projetar um brasileiro negro, e a democracia racial como mola propulsora desse salto, a partir da década de 1960 o movimento negro percebe-se como mais um elo da luta antirracista internacional: negros do mundo, uni-vos! O duplo estatuto de ser negro e africano firmava-se como um poderoso elemento contra-hegemônico capaz de implodir as ambiguidades e contradições da obsessiva ideia de identidade nacional. O encontro das águas afluiu em algo pujante e rico: de um lado vinham as novas tendências modernistas que desembocam na reafirmação de um país miscigenado sem racismo; do outro, a intensa força da luta antirracista internacional. Por aqui, uma ideia de um povo dentro de um território. Ser negro-africano era a nova pauta do movimento negro, e redescobrir a África em nós foi a grande bandeira da versão nacional da luta antirracista internacional.

Esses novos contornos refletiam-se numa produção teórica ampla, consistente e original. Exemplos disso, além dos já mencionados textos de Abdias, são Clóvis Moura e Octavio Ianni, que protagonizam um bom embate interpretativo sobre as conexões da luta negra brasileira com as demais formas de resistência da diáspora africana, em especial a caribenha. Aqui James e o pensamento caribenho — sobretudo o anglófono — têm papel importante, ainda que ambos tenham formulações originais sobre o tema. *O Negro: de bom escravo a mau cidadão?* (1977), de Moura, e *Escravidão e Racismo* (1978), de Ianni, são exemplos da absorção crítica feita pela intelectualidade brasileira quando dessa nova quadra histórica. As formulações de James são decisivas para um salto qualitativo na análise sobre cultura e política feita por Clóvis Moura na análise da rebeldia negra.

No campo político, parte da militância negra de esquerda da época, referenciada na Convergência Socialista — organização política de orientação trotskista — também tem papel importante numa aproximação ao pensamento de James no Brasil. Intelectuais e militantes como Hamilton Cardoso e Flávio Carrança, ao terem contato com a produção de Trotski sobre a questão racial, absorvem a discussão sobre tática e estratégia a partir do debate sobre opressão e autodeterminação do povo negro. A aproximação de Trotski ao tema do racismo se deu na batalha de ideias com os demais quadros da Quarta Internacional. Destes debates, um dos mais emblemáticos foi o ocorrido entre James e Trotski, no ano de 1939 no México, que foi farol para muitos dos caminhos seguidos por parte da militância negra brasileira ao longo da década de 1980.

Para estes setores mais radicalizados, a luta antirracista se conectava à luta contra o capital. Neste sentido, um horizonte de visibilidade revolucionário estava na ordem do dia e exigia um programa de transição consequente. O socialismo brasileiro precisava estar a favor da população negra e não o contrário. Assim, James foi um importante interlocutor para essa elaboração teórica e política.

IV

O pujante movimento negro das décadas de 1970 e 1980 viveu um momento de rearticulação ao longo das décadas de 1990 e início dos anos 2000. Sendo uma articulação em formato de frentes, sofreu os desgastes das diferenças políticas internas, como também foi absorvido pelos novos ares do capitalismo mundial: o deserto neoliberal da década de 1990, que jogou uma pá de cal nos sonhos revolucionários.

Como expressão ídeo-teórica dessa nova fase do capitalismo, o liberalismo progressista se afirmava como corrente teórica que absorvia os dilemas sociais. Entendido como pensamento pós-moderno, absorvia contraditoriamente pautas civilizatórias históricas e apresentava, aparentemente, soluções de curto prazo para elas: diversidade como horizonte ético e realinhamento do mercado e do Estado como soluções para essas demandas. Fora de moda, o marxismo vivia sua crise política se renovando teoricamente: leitura exegética de Lukács, frankfurtianos, Gramsci, Althusser e toda a sorte de perspectivas e escolas que, desde a década de 1970, ocupavam a agenda de estudos.

No caso brasileiro, desde a Marcha Zumbi (1995), e depois nos eventos preparatórios para a Conferência Internacional de Durban, o Movimento Negro local adota uma postura que o qualifica e faz assumir a vanguarda da luta antirracista internacional. Ao longo da década de 1990, ele forjou quadros técnicos em um conjunto de organizações não governamentais que souberam ler os novos ventos e mover os moinhos que alcançariam agora não só o diagnóstico do racismo, como também formulações concretas de enfrentamento a ele: interpelar o mercado e o Estado em termos de reparação histórica e inclusão.

Neste contexto de reversão da luta revolucionária, contraditoriamente, tivemos pela primeira vez o contato menos fragmentado e mais amplo com a obra de James. No ano 2000, foi publicado no Brasil o clássico *Os Jacobinos Negros: Toussaint L'Ouverture* e a *Revolução de São Domingos* (Boitempo). Este texto vem sendo, até o momento, praticamente o único contato mais amplo com a produção de James disponível no Brasil.

V

Aquele Movimento Negro, que emerge diante do fim do ciclo desenvolvimentista brasileiro, coloca suas bandeiras e pautas reparatórias em prática via políticas sociais no contexto do Brasil neodesenvolvimentista das gestões progressistas. A ideia de pertencimento racial como valor identitário positivo se alastrou por um setor mais amplo do que aquele movimento negro de classe média do Brasil de fins da década de 1970. Os motivos são de várias ordens e têm múltiplas determinações (os movimentos culturais e estéticos nas periferias dos grandes centros urbanos que explodem pelo país inteiro nas décadas de 1990 e 2000, por exemplo). No Brasil neodesenvolvimentista, o precariado negro também se afirma positivamente e brada: poder para o povo preto, empoderado, resistente e que quer representação, por todos os meios necessários!

Tempos depois, o lulismo foi golpeado diante do revés econômico e da quebra do pacto civilizatório das elites e classes médias para com um neodesenvolvimentismo inclusivo. A população negra, nesse contexto, se viu e se vê diante de dilemas. Grande parte de uma plataforma de atuação material e simbólica do movimento negro contemporâneo que consagrou uma nova gramática social e que disputava a narrativa do que é ser brasileiro começa a não dar mais conta das vivências. A frase passa a superar em muito o conteúdo e produzir cisões entre a cotidianidade e seus signos.

Partindo desse chão e suas mediações, entender a dinâmica da moderna luta de classes brasileira e sua dimensão subjetiva, passa, em primeiro lugar, pela validação e verificação daquilo que permaneceu e daquilo que mudou. No período lulista, para além de uma vanguarda, um amplo setor da classe trabalhadora negra brasileira passa a ter "atitudes" condizentes com o "tornar-se negro"; no entanto, o problema está justamente na condição precária desses sujeitos quanto à sua inserção nas relações sociais de produção.

Se no começo do Brasil neodesenvolvimentista certa plataforma de atuação do Movimento Negro ampliou o leque da disputa hegemônica, sobretudo quanto ao mito da harmonia social criado pela elite brasileira, agora, diante da crise, ela passa da resistência para a conformação, promovendo apenas uma revolução formal, sem alcançar, porém, o conteúdo reprimido das relações raciais no Brasil contemporâneo.

Do ponto de vista teórico e político, nesse contexto, existem três grandes linhas disputando a forma de compreensão e enfrentamento ao racismo: 1) Liberais progressistas; 2) Afrocentrados; 3) Marxistas.

No primeiro caso, de pensamento teórico difuso, seus membros amparam-se na saída de inclusão no mercado, sistematizado a partir do Black *Money* e do afroempreendedorismo, ainda que entendam o papel importante do Estado na promoção de políticas públicas; no segundo caso, ainda que também existam distinções e diversidades internas, a unidade se dá na recuperação de certos aspectos do nacionalismo negro que tem em Marcus Garvey uma primeira expressão, mas também alicerçado no pensamento de Cheikh Anta Diop, Molefi Kete Asante, Wade W. Nobles, Katherine Bankole, Clenora Hudson-Weems, entre outros. Eles propõem uma ruptura total com padrões civilizatórios europeus, rompimento com as formas tradicionais da política entendida como forma "branca" de luta e apontam para as tradições africanas como potência de aglutinação e destino para os povos negros do mundo. No terceiro caso, temos os marxistas, que reivindicam não só a tradição clássica do marxismo, como apontam para as negligências teóricas dos clássicos, os limites do pensamento que renovou conservando, bem como buscam a recuperação do marxismo negro.

Os liberais progressistas têm conseguido colocar o debate sobre o racismo na esfera pública, mas a falta de radicalidade da sua postura impõe um circuito fechado para o conjunto da população negra que vivencia a díade negro drama ou empoderamento, o primeiro como tragédia e o segundo como farsa. Os afrocentrados captam o sentido da história em relação ao racismo, mas a falta de uma síntese capaz de forjar uma tática e estratégia mais consequentes lhes facultam a condição de guardiões da memória e de fiscais do racismo. Aos marxistas caberia tal projeto, mas como força menor nesse diapasão, seu papel de terceira via tem imposto a este setor uma necessidade de recuperação em muitos casos proselitista do legado marxiano e marxista na luta contra o racismo.

Eis que, agora, o Brasil pode mirar James: autor de erudição rara, não cede à vulgarização do politicismo, nem ao pedantismo teórico. Aposta na experiência concreta da luta negra como uma saída, ainda que indique a necessidade de que ela se vire contra o capitalismo. Com este lançamento, o capítulo do Brasil na luta pan-africana poderá enfim ser escrito por uma geração que precisará dar respostas consequentes aos desígnios do seu tempo.

As Almas do Povo Negro
De W.E.B. Du Bois

Tradução: Alexandre Boide
Prefácio: Silvio Almeida
Ilustrações: Luciano Feijah
Notas: Rogério de Campos

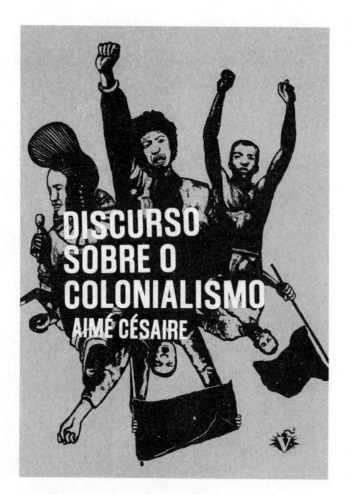

Discurso sobre o Colonialismo
De Aimé Césaire

Tradução: Claudio Willer
Ilustrações: Marcelo D'Salete
Notas e posfácio: Rogério de Campos

Em breve

Escrevo O Que Eu Quero
De Steve Biko

Ilustrações: Marcelo D'Salete